lonely planet

DE CERCA
GRANADA

Marta Jiménez Zafra

Sumario

Arriba: jardines del Generalife (p. 46).
Abajo: la catedral, con Sierra Nevada al fondo (p. 118).

Explora Granada 37

Guía práctica 157

★ Imprescindible

El viaje empieza aquí

El nombre de Granada despierta una nostalgia universal. Último refugio árabe en la península Ibérica, la ciudad vive envuelta en una leyenda que refleja el misterio de sus laberintos. Su etérea esencia no solo ofrece múltiples perspectivas de su prodigiosa orografía, sino que revela una Granada dentro de otras muchas: la de los turistas, la de los artistas, la de los estudiantes, la del pasado y la del futuro. Un lugar de luz única, donde la belleza y el pensamiento se entrelazan.

Marta Jiménez Zafra
Autora de la guía *Córdoba de cerca* y enamorada de la humanidad de las ciudades del sur, adora perderse por Andalucía. Ciudadana, periodista e historiadora del arte, con estas guías ha comenzado a viajar en solitario, el mejor de los viajes interiores.

La Alhambra (p. 43).

LO MEJOR

Tesoros ziríes y nazaríes

Granada debe parte de su identidad a sus 250 años de historia como último reino musulmán de la Península, el nazarí (1238-1492). En la ciudad aún se aprecian todas las corrientes estilísticas del arte de al-Ándalus.

Deslumbrarse con la ciudad palatina de la **Alhambra,** Patrimonio Mundial y lección viva de arquitectura medieval hispanoárabe. (p. 43)

Perderse por las acequias y jardines de la almunia del **Generalife,** "la Casa Real de la Felicidad", con un maravilloso palacio. (p. 46)

Bucear en la arquitectura anterior a la Alhambra en la *qubba* del **Cuarto Real de Santo Domingo,** en el barrio del Realejo. (p. 56)

Maravillarse ante los únicos baños conservados de los cientos que hubo en la ciudad zirí (s. XI) en el **baño del Nogal** o **Bañuelo.** (p. 76; foto izda.)

Descubrir en una torre cristiana el **alminar de San José,** resto de la antigua mezquita de los ermitaños. (p. 79)

Recorrer el **Museo de la Alhambra** en el palacio de Carlos V para descubrir su impresionante colección de arte nazarí. (p. 49; foto)

Dcha.: el Generalife (p. 46).

DE IZDA. A DCHA.: DIEGO GRANDI/SHUTTERSTOCK ©, ACHIM WAGNER/SHUTTERSTCOK ©, JOSERPIZARRO/SHUTTERSTOCK ©

LO MEJOR

Rincones renacentistas y barrocos

En 1492, el rey Boabdil entregó las llaves de Granada a los Reyes Católicos. Fue entonces cuando la ciudad cambió su fisonomía con una arquitectura que transita del estilo gótico al renacentista.

Sorprenderse ante los mausoleos de Isabel y Fernando en la **capilla Real,** mausoleo de los Reyes Católicos y cumbre del gótico isabelino. (p. 115)

Dejarse deslumbrar por la **catedral** construida sobre las ruinas de la antigua mezquita aljama de la ciudad. (p. 118)

Buscar la tumba del Gran Capitán en el silencioso **monasterio de San Jerónimo,** edificado con piedras de la antigua muralla árabe. (p. 125; foto)

Apreciar el tránsito del estilo gótico al renacentista en el **convento de Santa Isabel la Real,** fundado en 1504 por Isabel la Católica. (p. 97; foto)

Disfrutar de una sobredosis barroca en el **monasterio de la Cartuja,** con su impresionante sagrario. (p. 146)

Entrar en la señorial **casa de los Tiros** para sumergirse en el museo de la ciudad. (p. 57)

Dcha.: monasterio de la Cartuja (p. 146).

RUTH GIRALDEZ SOLER ©

Taberna La Tana (p. 60).

LO MEJOR

Tapas para saborear Granada

La gastronomía de Granada se concentra en las tapas, un liderazgo que a veces no deja ver el bosque de una cocina que se basa en productos de cercanía del mar y la huerta, y en su herencia árabe, sin dejar de mirar al futuro.

Deleitarse con los mariscos y pescados de **FM,** un paraíso para gastrónomos. (p. 154)

Casa Torcuato, un clásico del Albaicín, ahora también tiene un local en la colina de la Alhambra. (p. 91)

Oler a vino en **La Tana** y alegrar el cuerpo con sus sabrosas viandas. (p. 60)

Cruzar las puertas de la **Taberna Granados** para entrar en una mítica taberna con más de 100 años. (p. 133)

Escuchar los ecos morentianos en el **Bar Provincias** mientras se degusta su rico *pescaíto*. (p. 134)

Codearse con los más modernos en **Saint Germain,** local literario y musical con tapas en un ambiente de taberna. (p. 134)

Carmen de los Mártires (p. 51).

LO MEJOR

Cármenes

El poeta culterano Pedro Soto de Rojas expresó: "Paraíso cerrado para muchos, jardines abiertos para pocos". Los cármenes del Albaicín son una metáfora de la nostalgia del paraíso perdido.

Visitar el carmen de los Geranios o **carmen de Max Moreau,** refugio durante tres décadas de este pintor, músico y escenógrafo belga. (p. 80)

Descubrir el **carmen del aljibe del Rey,** que acoge el mayor de los aljibes de la ciudad y alberga el Centro de Interpretación del Agua. (p. 96)

Pasear por el **carmen de los Mártires,** unos jardines de ensueño en la colina de la Alhambra. (p. 51)

Explorar dos casas moriscas del s. xv en el **carmen de Aben Humeya,** sede de la Fundación Carlos Ballesta, dedicada a la historia del reino de Granada. (p. 79)

Retroceder en el tiempo en el **carmen del Ave María,** residencia del maestro Manuel de Falla entre 1922 y 1939. (p. 51)

Disfrutar del **mirador de Morayma,** un carmen morisco que mira a la Alhambra, lleno de estancias secretas con buena comida y bebida. (p. 83)

LO MEJOR

Rutas mágicas de agua y luz

Granada parece estar hecha de luz y agua. Contemplar cómo la luz barre la Vega al atardecer, ilumina el Albaicín o se apaga sobre la fortaleza roja es un auténtico viaje estético, acompañado por el fluir constante del agua en su subsuelo.

Ver la ciudad desde el cielo en el punto más alto de Granada, el **mirador de San Miguel Alto.** (p. 92; foto)

Contemplar cómo la luz reverbera sobre las casas a los pies de la Alcazaba de la Alhambra en el **mirador de la Churra,** frente al Albaicín. (p. 107)

Descubrir el mayor de los aljibes de Granada, el **aljibe del Rey,** del s. XI, hoy sede del Centro de Interpretación del Agua. (p. 96)

Recorrer los **aljibes del Albaicín,** uno de los grandes patrimonios del barrio blanco, a través de una ruta que conecta 26 de ellos. (p. 33; foto)

Escuchar el rumor del **agua en la Alhambra,** su banda sonora natural, gracias al sistema hidráulico que abastecía en la colina. (p. 43)

Seguir el recorrido del agua desde la **acequia de Aynadamar,** que se nutre de la fuente Grande o de las Lágrimas, en Alfacar. (p. 97)

El Albaicín visto desde el mirador de la Churra (p. 107).

DE IZDA. A DCHA.: AMAZING TRAVELS/SHUTTERSTOCK ©, MARIMOS/SHUTTERSTCOK ©, MIGUEL ANGEL RM/SHUTTERSTOCK ©

LO MEJOR

Flamenco

"Desechad tristezas y melancolías. La vida es amable, tiene pocos días y tan solo ahora la hemos de gozar". Son palabras de Lorca sobre la zambra, las fiestas de los gitanos del Sacromonte. Hablar de flamenco es hablar de Granada.

Sumergirse en el flamenco más auténtico en **El Tabanco del Tío Gregorio,** una peña escondida en el Albaicín, referente artístico de la ciudad. (p. 71; foto)

Vivir una noche inolvidable en la **Venta El Gallo,** la cueva más mítica del Sacromonte, donde la cena se combina con espectáculos. (p. 103)

Disfrutar en verano del **Festival Internacional de Música y Danza,** un encuentro entre lo culto y lo popular con espacio para el flamenco y el cante jondo. (p. 48)

Descubrir **Casa Ferrer,** una de las guitarrerías más antiguas de España, en el camino de la Alhambra. (p. 62; foto)

Dcha.: Festival Internacional de Música y Danza (p. 48).

LO MEJOR

Experiencias universitarias

Granada es una ciudad eminentemente universitaria. Hay pocos lugares con un ambiente estudiantil tan intenso y festivo. Los estudiantes aportan una gran energía y animación durante el curso lectivo.

Admirar el arco de herradura de acceso al *mihrab,* único vestigio del **palacio de la Madraza,** unos de los primeros centros educativos de la península Ibérica. (p. 124)

Recorrer los **cinco campus de la UGR** (Centro, Cartuja, PTS, Aynadamar y Fuerteventura) que expanden su ambiente estudiantil por toda la ciudad.

Vivir la animación de la ciudad durante el **curso lectivo,** de septiembre a junio, cuando los estudiantes dinamizan la economía local.

Sentir el ritmo de Granada en sus fiestas universitarias, sus bares de copas y sus tapas, con la zona de **Pedro Antonio de Alarcón** como epicentro. (p. 128)

Palacio de la Madraza (p. 124).

LUNAMARINA/SHUTTERSTOCK ©

LO MEJOR

Escena 'indie-rock'

Granada sigue siendo terreno abonado para el *rock*. Del pionero Miguel Ríos a la eclosión *indie*, buena parte de la música independiente española se gestó a los pies de Sierra Nevada. Una estela de salas y tiendas de discos lo acreditan.

Asistir a un concierto en **Planta Baja,** uno de los grandes referentes de la noche granadina y cuna del *indie-rock* en la ciudad. (p. 130)

Explorar la movida musical granadina en **Ruido Rosa,** un emblemático garito clave en las últimas tres décadas. (p. 130)

Descubrir **Lemon Rock,** un espacio moderno que combina albergue, restaurante, copas y conciertos en un edificio del s. XVII. (p. 131)

Brindar en el **Bar de Eric,** el local del batería de Los Planetas y Lagartija Nick, un imprescindible de la escena musical. (p. 134)

Disfrutar de cañas, tapas y buena música en **Candela,** un gran pequeño local en el Realejo. (p. 61)

Buscar vinilos en **Discos Bora-Bora,** un refugio en plena plaza de la Universidad y referente nacional. (p. 130)

LO MEJOR

Parques y espacios verdes

A Granada no le faltan coches y contaminación, pero cuenta con estupendas rutas que parten de la ciudad, además de parques y zonas verdes públicas donde disfrutar del aire libre bajo los árboles.

Pasear de día y de noche por el **bosque de la Alhambra,** el mágico espacio que cubre la colina de la fortaleza roja. (p. 41; foto)

Explorar la **dehesa del Generalife,** la antigua zona de caza de los sultanes, declarada Parque Periurbano desde 1995. (p. 150; foto dcha.)

Recorrer la **ruta de la fuente de la Bicha,** que parte del centro de la ciudad y sigue la margen derecha del Genil hasta Cenes de la Vega. (p. 148)

Seguir el camino de Avellano desde el paseo del Aljibillo y cruzar el puente homónimo hasta la célebre **fuente.** (p. 73)

Visitar la lorquiana huerta de San Vicente, en el **parque Federico García Lorca,** con su ludoteca y sus especies botánicas. (p. 66)

Explorar el **jardín botánico,** un oasis en pleno centro con casi un centenar de especies autóctonas y exóticas. (p. 124)

Jardín botánico (p. 124).

LO MEJOR

Mercadillos y librerías

Más allá de las calles comerciales, similares a las de cualquier otra ciudad occidental, Granada cuenta con un sinfín de librerías llenas de personalidad, así como con una amplia oferta de mercados de artesanía y de productos de la tierra.

Rebuscar entre tesoros literarios en **Sostiene Pereira,** con su inconfundible olor a libros antiguos, usados, raros y descatalogados. (p. 71)

Sumergirse en el pensamiento crítico en la librería activista **Bakakai,** llena de material en varias lenguas. (p. 135)

Conocer el barrio del Realejo a través de **¡¡¡Tremenda!!!,** una librería que habla de su entorno. (p. 63)

Comprar ropa, flores, verdura y fruta en el **mercadillo de la plaza Larga,** un clásico del Albaicín cada sábado por la mañana. (p. 105)

Descubrir el arte granadino en **Made in Granada,** un mercado mensual en el **Campo del Príncipe** con ilustración, moda y complementos. (p. 59)

Admirar la tradición alfarera del Albaicín en **Fajalauza,** legado del barro vidriado y decorado desde el s. XVI. (p. 103)

Cerámica artesanal de Fajalauza en una tienda (p. 103).

JOSERPIZARRO/SHUTTERSTOCK ©

Lo mejor para niños

Sumergirse en la historia y diversidad del sur de Europa en el **Museo Memoria de Andalucía,** con un recorrido interactivo. (p. 147)

Vivir la gran aventura del **Parque de las Ciencias,** un viaje fascinante por la naturaleza, la tecnología y la astronomía. (p. 146)

Pasear, montar en bici o patinar por los **paseos del Salón y de la Bomba,** con zonas verdes, parque infantil y quioscos.

Disfrutar de las instalaciones del **parque infantil la Bola de Oro,** con zonas deportivas, pimpón, pistas de petanca y un *skatepark.*

Experimentar más allá del esquí en **Sierra Nevada,** con patinaje sobre hielo, tiro con arco, alfombra mágica, toboganes, silla-esquí, patín-esquí y el Trineo Ruso. (p. 142)

Lo mejor gratis

Profundizar en el arte nazarí en el **Museo de la Alhambra,** en el palacio de Carlos V, con piezas procedentes de excavaciones y restauraciones. (p. 49)

Pasear por los jardines del **carmen de los Mártires,** más un palacete dieciochesco que un convento, con vistas espectaculares. (p. 51)

Descubrir la **casa de los Tiros,** un palacio en el Realejo con almenas artilladas y sede del Museo de la Ciudad. (p. 57)

Explorar el arte contemporáneo en el **Centro José Guerrero,** un referente andaluz dedicado al pintor granadino. (p. 124)

Visitar el **Centro Federico García Lorca,** que guarda el legado del poeta desaparecido más famoso del mundo en un edificio contemporáneo ubicado en el corazón de la ciudad. (p. 65)

Tres días perfectos

Descubrir la Alhambra, sorprenderse con la ciudad renacentista o bucear en el universo lorquiano son algunas de las atracciones de la ciudad.

Calle del barrio del Albaicín (p. 69).

PRIMER DÍA

Si solo se dispone de un día

MAÑANA

Se llega temprano a la **Alhambra** (p. 43; foto) y se desayuna en **La Mimbre** (p. 60) antes de la visita. Tras visitar los palacios nazaríes y la almunia del **Generalife** (p. 46), se pasea por la Alcazaba y el **bosque de la Alhambra** (p. 41) y se come en el **Parador de San Francisco** (p. 60).

TARDE

Tras visitar el **palacio de Carlos V** (p. 49) y el **Museo de la Alhambra** (p. 49), se da un paseo por la **calle Real de la Alhambra** (p. 42), que lleva al otro lado de la colina, donde se puede visitar el **carmen del Ave María** (p. 51) y ver la puesta de sol desde la terraza del **Alhambra Palace** (p. 58).

NOCHE

Se baja al paseo de los Tristes por la **cuesta de los Chinos** (p. 42).

SEGUNDO DÍA

Un fin de semana

MAÑANA

Se desayuna en **Wild Food** (p. 126) y se cruza la Gran Vía para llegar a la **calle Oficios** (p. 118), con el **palacio de la Madraza** (p. 124), la **capilla Real** (p. 115; foto) y la **catedral** (p. 118). Luego se salta en el tiempo en el **Centro José Guerrero** (p. 124). Se puede comer en el **mercado de San Agustín** (p. 127) o en **Palo Cortao** (p. 134).

TARDE

La primera hora de la tarde baña con una luz maravillosa el **monasterio de San Jerónimo** (p. 125). También se puede recorrer el **circuito lorquiano** (p. 64) y merendar en **Bohemia** (p. 135), cerca del **jardín botánico** (p. 124).

NOCHE

Una cena en **Bardana** (p. 132) y un concierto en **Planta Baja** (p. 130) o ir de fiesta por los bares de **Pedro Antonio de Alarcón** (p. 128).

TERCER DÍA

Una escapada

MAÑANA

De camino al **paseo de los Tristes** (p. 72), se desayuna en **Minuit** (p. 58). Junto al Darro, se para en los baños medievales del **Bañuelo** (p. 76) y en la **casa de Zafra** (p. 78). En la subida al Albaicín se buscan los **miradores a la Alhambra.** Para comer, un carmen con vistas, como el **Mirador de Morayma** (p. 83).

TARDE

Tras merendar en **Casa Pasteles** (p. 102), en la plaza Larga, se cruza por la **vereda de Enmedio** (p. 92) y se llega al Sacromonte. Se visita el **Museo de las Cuevas del Sacromonte** (p. 101; foto) y la **abadía del Sacromonte** (p. 102).

NOCHE

Se acaba el día viendo la puesta el sol en **San Miguel Alto** (p. 107), cenando en **Casa Torcuato** (p. 91) y tomando una copa en **El Higo** (p. 91).

Con más tiempo

En la plaza a la que se asoma la puerta de Elvira, la **Tetería Oriente** ofrece tostadas que hacen honor a su nombre. De allí hay un agradable paseo al **Real Monasterio de la Cartuja de Granada** (p. 146), cumbre del barroco local.

El autobús U3 lleva al **Centro Cultural CajaGranada-Memoria de Andalucía** (p. 147), un espectacular edificio con un museo interactivo. Se puede comer en **La Chana,** en el estupendo **Mesón Las Perlas** (p. 154), y cenar en el **FM** (p. 154), dos lugares donde los pescados y mariscos adquieren otra dimensión.

El **Parque de las Ciencias** (p. 146) es el mejor de su clase en el sur de Europa. Otra opción es hacer un **circuito siguiendo los pasos de Lorca** (p. 64) por la provincia.

Ni hay que perderse cruzar el **bosque de la Alhambra** de noche (p. 41), una cena en **Bodegas Castañeda,** una copa en **La Estrella** (p. 59) ni un baño en el **Hamman Al-Ándalus.**

Hamman Al-Ándalus.

NEJDET DUZEN/SHUTTERSTOCK ©

Una excursión

A tan solo 40 min en coche de Granada, la estación de esquí de **Sierra Nevada** (p. 142) se encuentra en un espacio natural reconocido como Reserva de la Biosfera por la Unesco y acoge la cima más alta de la Península, el Mulhacén (3479 m).

Además de mirar las estrellas por la noche, en el **Parque Nacional y Natural de Sierra Nevada** (p. 142; foto) se puede subir a los techos de la Península, el **Mulhacén** y el **Veleta,** y descubrir su biodiversidad en el centro **El Dornajo** (p. 142).

En un día de lluvia

Recorrer la colina de la Alhambra un día de lluvia puede ser mágico. También es buena idea entrar en el **Museo de la Alhambra** (p. 49), ubicado en el palacio de Carlos V y cuya sala de exposiciones alberga la colección de arte nazarí procedente de excavaciones y restauraciones del monumento. En la galería alta se encuentra el **Museo de Bellas Artes** (p. 50; foto), la mayor pinacoteca de la ciudad. Ambos museos son gratuitos.

Otra opción es visitar el **Museo Arqueológico** (p. 77) situado en el paseo de los Tristes, y muy cerca de allí, el **Bañuelo** (p. 76), uno de los baños árabes más antiguos que se conservan.

Prepararse

ANTES DE PARTIR

Dos meses antes
Reservar el hotel, especialmente si se viaja durante Semana Santa, mayo y junio, y las entradas para la Alhambra.

Un mes antes
Contratar visitas guiadas, planificar rutas y excursiones por los alrededores.

Una semana antes
Reservar restaurantes; revisar la oferta de exposiciones temporales, festivales y agenda cultural.

Costumbres

Los granadinos tienen fama de tener un carácter peculiar; es su forma de enfrentarse a la vida. Se traduce en un trato serio, casi antipático que, en el fondo, está lleno de ironía y puede resultar hasta entrañable. Como todos los estereotipos, este tampoco es una realidad única: ni todos los gaditanos son graciosos ni todos los granadinos tienen *malafollá,* que así es como se conoce localmente este distintivo rasgo. Por cierto, suelen usar el sufijo "ico" con valor diminutivo o afectivo, como ¡qué bonico!

Tapear

En Granada, a diferencia de otros lugares de España, los bares acompañan cada consumición de una tapa gratuita, que va cambiando con cada ronda. En algunos sitios, cada vez menos, son buenos aperitivos, pero en la mayoría prima más la cantidad que la calidad. En algunos casos, tras varias consumiciones, se tendrá la sensación de haber comido gratis, aunque esto es algo engañoso, pues los locales priman la rentabilidad. En cualquier caso, se recomienda no fiar todas las comidas al albur del tapeo y explorar todas las posibilidades que ofrece la rica gastronomía de la ciudad.

Conviene saber

Efectivo Aunque el pago con tarjeta está universalmente extendido, siempre hay que llevar algo de efectivo para pequeñas compras.

Qué llevar No debe faltar el calzado cómodo –las principales zonas turísticas están llenas de cuestas–, ni la protección solar en primavera y verano.

Remojón granadino, ensalada típica de Granada.
BONCHAN/SHUTTERSTOCK ©

Seguridad Granada es una ciudad agradable y segura. Apenas se producen delitos violentos. Con todo, hay que mantener las precauciones básicas, en especial en lugares muy transitados, como estaciones de tren y autobús y en los alrededores de las principales atracciones turísticas.

Marihuana En España, la posesión para consumo personal no está penalizada, aunque sí su producción y venta. En Granada abundan las *grow shops* (especializadas en la venta de semillas y equipo para el autocultivo de cannabis) y las tiendas de CBD, productos derivados del cannabis con un contenido de THC inferior al 0,2 %.

PROPINAS

Es una práctica habitual en Granada. La media se sitúa en torno al 5-6% de la cuenta. También se suelen dejar a los guías turísticos.

PRESUPUESTO DIARIO

Económico Menos de 60 €

- Cama en albergue: **30-50 €**
- Comida de tapas: **9-10 €**
- Museos: algunos, como el de la Alhambra, son **gratuitos**
- Transporte: **Abono de 6 viajes/5 €**

Medio Entre 60-150 €

- Habitación doble en hotel de 3/4 estrellas: **90-100 €**
- *Brunch:* **15-18 €**
- Entrada a la Alhambra: **18 €**
- Cena en restaurante: **30 €**

Alto Más de 120 €

- Habitación doble en hotel-*boutique:* **desde 200 €**
- Comida o cena en restaurante de calidad: **90 €**
- *Hamman* con masaje: **80 €**

Moneda
Euro (€)

Idioma
Español

Hora local
Europea occidental (GMT/UTC + 1, + 2 h en verano).

CONSEJO

Como en el resto de España, se suele comer entre 14.00-15.00, y no se cena antes de las 21.00.

Cuándo ir

Granada es mágica en todas las épocas del año, aunque la ciudad está más animada durante el curso lectivo, cuando se llena de estudiantes. En verano las temperaturas pueden ser muy altas.

En invierno, la ciudad queda enmarcada por las blancas cumbres de Sierra Nevada, donde se puede disfrutar del esquí o de otras actividades. En primavera y otoño el clima resulta muy agradable para visitar la ciudad, aunque en Semana Santa y en mayo las aglomeraciones están aseguradas. Durante todo ese tiempo, Granada está llena de estudiantes, lo que se traduce en conciertos, festivales de todo tipo y una animada vida cultural. En verano, las altas temperaturas marcan el éxodo a la cercana Costa Tropical.

Grandes eventos

Primavera Con la **Semana Santa,** la ciudad se llena de las tradicionales procesiones, especialmente recomendables a su paso por los barrios del Albaicín y el Sacromonte, así como por el paseo de los Tristes.

3 de Mayo El **Día de la Cruz** fusiona lo religioso y lo profano. Las calles y plazas se llenan de cruces adornadas con flores acompañadas de una festiva algarabía.

Junio El **Corpus Christi** es la mayor fiesta de Granada. Durante una semana las celebraciones llenan la ciudad: se suceden procesiones, pasacalles y festejos de todo tipo.

Verano Artistas de todo el mundo participan en el **Festival Internacional de Música y Danza** (jun-jul), que se celebra en escenarios de la Alhambra y otros lugares emblemáticos.

Clima

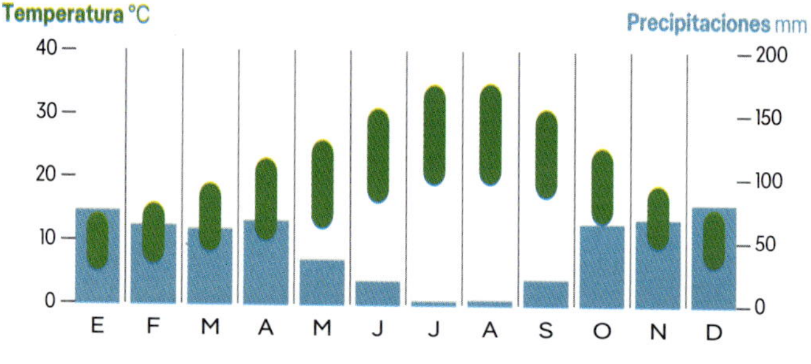

Procesión de la Semana Santa junto a la Alhambra (p. 97).

Otras citas culturales

Verano **Lorca y Granada en los jardines del Generalife.** Evento en torno a la figura y la obra de Federico García Lorca en un lugar mágico.

El festival **Milnoff** abarca múltiples disciplinas flamencas, que van del cante a la pintura, el cine o la literatura, cada mes de junio.

Otoño En torno al inicio del curso universitario, el **Granada Sound** congrega a lo más granado del *indie* nacional. **El Festival de Jóvenes Realizadores** ofrece proyecciones en varios espacios el mes de octubre.

Noviembre El **Festival Internacional de Jazz** es uno de los más importantes de Europa en su género, y el único español de la red europea de festivales de *jazz*.

Primavera El **Festival Internacional de Poesía** tiene como la Alhambra o el carmen de los Mártires (may).

CONSEJOS SOBRE ALOJAMIENTO

Los precios varían de forma sustancial dependiendo de la estación del año y en momentos concretos como Semana Santa o la semana de feria. La época más económica es entre noviembre y marzo, entre semana, excluyendo festividades como Navidad.

Cómo llegar y desplazarse

Granada es una ciudad compacta, ideal para recorrer a pie, teniendo en cuenta, eso sí, las cuestas del Albaicín, el Sacromonte y la colina de la Alhambra. Para zonas más apartadas del área metropolitana, existe una completa oferta de transporte público.

CÓMO LLEGAR

Granada está comunicada con el resto de España a través de la autovía A-92. Además, dispone de servicios en tren de alta velocidad a/desde Sevilla, Córdoba Madrid, Valencia, Alicante y Barcelona, y estación de autobuses.

A 17 km por la A-92 está el **aeropuerto** Federico García Lorca.

Existen paradas de **taxis** en el aeropuerto y en las estaciones. La carrera mínima ronda los 4 €. Existe un servicio de radiotaxi 24 h *(958 280 000 o a través de la aplicación PideTaxi)*. Uber también opera en la ciudad.

En los vestíbulos del aeropuerto, la estación de tren y la de autobuses hay cajeros automáticos y oficinas de alquiler de vehículos y de información turística.

Metro

Una línea de metro cruza la ciudad de norte a sur, uniendo la capital con los cercanos pueblos de Armilla, Albolote y Maracena. En realidad, se trata más bien de un tren de superficie, ya que solo tiene tres paradas subterráneas *(metropolitanogranada.es; billete ordinario 1,35 €)*.

Tren turístico

El tren turístico Granada City Tour, también conocido como Tren de la Alhambra, tiene dos rutas con audioguía en 12 idiomas diferentes y ofrece wifi gratuito. La línea verde cuenta con paradas en la Alhambra y el Generalife; la roja recorre el centro de la ciudad. En primavera y verano ofrecen una ruta nocturna. Es ideal para ir con niños o personas con movilidad reducida. El billete es válido desde el momento en que se utiliza por primera vez hasta el final del mismo día, con la posibilidad de subir y bajar todas las veces que se quiera. Los auriculares para la audioguía están incluidos en el precio *(9/13 € 1/2 días, granada.city-tour.com).*

Bicicleta

Granada no es una ciudad de pedaleo, pero esta es la forma más ecológica de recorrerla y la preferida por los turistas amantes del deporte. Hay distintas empresas de alquiler de bicicletas y las tarifas suelen ser de 18/28 € para medio día/día completo. Hay que tener en cuenta que en Granada hay cuestas muy empinadas, sobre todo en el Albaicín y el Sacromonte, por lo que muchos escogen la bicicleta eléctrica. Se puede probar por 1 h (3 €) y, si se elige, tiene precios similares por medio día o por día entero a los de una bicicleta normal.

Taxi

Los taxis se pueden parar directamente en la calle; es muy fácil conseguir uno: circulan continuamente por toda la ciudad. Es una buena opción si se tiene prisa y no son especialmente caros comparados con otras ciudades españolas.

Metro de Granada.

CREDIBUS

Es el abono general de los autobuses de Granada, una tarjeta sin contacto que se puede adquirir directamente en el autobús o en las máquinas expendedoras en las paradas de la línea 4. Cuesta 2 € y se pueden recargar 5, 10 y 20 € (en cada viaje se descuenta el precio del billete del saldo restante). Un viaje en autobús urbano en el que el billete cuesta 1,40 €, con esta tarjeta cada viaje cuesta entre 0,87 y 0,83 €, según el tipo de recarga que se haga.

El tren turístico Granada City Tour.

Transporte público

Autobuses y microbuses urbanos

La red municipal de autobuses urbanos une el centro y la Alhambra con todos los barrios de la ciudad y el área metropolitana. En Granada operan 29 líneas de buses urbanos; en las zonas más turísticas, el servicio lo ofrece una flota de microbuses de color rojo. Todas estas líneas funcionan los siete días de la semana, de 6.00 a 24.00, incluidos domingos y festivos (billete sencillo 1,40 €; tarjeta de transporte público Credibus 0,83-0,87 €/trayecto; *movilidadgranada.com*).

TARJETA GRANADA

Este abono ofrece descuentos en los principales puntos de interés de la ciudad, incluida la Alhambra y el Generalife, y permite el uso ilimitado de toda la red de transporte público. Hay de dos tipos: de tres (37 €) y cinco días (40 €). Se recomienda reservarlo con antelación a través de la web, especialmente en temporada alta, cuando puede agotarse. También existe una modalidad infantil, a precio más reducido, para niños de entre 2 y 11 años, que incluye los mismos servicios que el abono de adulto.

Otra cara de Granada

Aljibes, jardines, célebres falsificaciones históricas, romero y buenaventura. Parafraseando a Walt Whitman, poeta estadounidense admirado por Lorca, Granada es inmensa y contiene multitudes.

Casa de la familia Lorca

La casa en la que Federico García Lorca vivió durante su adolescencia y juventud, y entre cuyas paredes escribió sus primeros versos, está muy cerca de la puerta Real, en la actual acera del Darro (anterior número 66). Ha vuelto a cobrar vida merced a su reconversión como centro cultural de la mano del cantaor Miguel Poveda. Ilustra los primeros años del poeta más popular de la ciudad, una de sus etapas más desconocidas. Con todo, el edificio actual dista mucho de la vivienda de tres plantas con patio que habitó la familia Lorca entre 1909 y 1916, aunque mantiene una pequeña estructura, en su día un corral en el jardín, donde Federico jugaba, tocaba música y cantaba.

Romero y buenaventura

El pueblo gitano, tan presente en la obra lorquiana y en el origen del flamenco, es la principal minoría étnica de España y está muy presente en Granada. En las zonas más turísticas de la ciudad es habitual ver a grupos de mujeres que abordan a los turistas entregándoles una ramita de romero y ofreciéndose a leerles el provenir. Pueden ser algo insistentes y siempre se ha de tener en cuenta que en ningún caso se trata de un regalo. Si no se está interesado basta desestimar la oferta de forma educada con una sonrisa.

Red de aljibes

La ciudad antigua, la zona de la Alcazaba y el Albaicín, se abastecía del agua subterránea de la acequia de Aynadamar desde al menos el s. XI. Se trataba de un sistema hidráulico muy ingenioso y avanzado formado por una red de aljibes que garantizaba el suministro de agua a casas, jardines y huertas. Aún sobreviven en perfecto estado 27 de estos aljibes; de hecho, estuvieron en uso hasta mediados el s. XX y fueron restaurados recientemente. El carmen del Aljibe del Rey,

J. E. GÓMEZ - FUNDACIÓN AGUAGRANADA ©

Aljibe del Rey.

ACHIM WAGNER/SHUTTERSTOCK ©

El 'jarrón de las Gacelas', en el Museo de la Alhambra.

Fundación AguaGranada, el más antiguo de la ciudad, acoge el Centro de Interpretación del Agua y es un buen lugar para empezar una ruta. En la colina de enfrente, en la dehesa del Generalife se esconde otro tesoro: el aljibe de la Lluvia, construido hace más de mil años, llevaba el agua hasta el palacio de Dar al Arusa.

Libros plúmbeos

Los libros plúmbeos del Sacromonte son una de las más célebres imposturas históricas. No se trata de libros en sentido tradicional, sino de planchas de plomo con inscripciones en árabe y latín. En el s. XVI, se descubrió un cofre con reliquias cristianas y un pergamino que mencionaba el supuesto martirio de san Cecilio, patrón de la ciudad, en las cercanías de Granada. El hallazgo se produjo durante la demolición del alminar de la antigua mezquita mayor. Poco después, cerca de la actual abadía del Sacromonte, aparecieron otras 22 planchas de plomo que supuestamente contenían un nuevo Evangelio revelado por la Virgen María donde se fusionaban elementos del cristianismo y el islam. Los documentos intensificaron la devoción y el culto al santo patrón granadino, a pesar de que siempre hubo dudas sobre su autenticidad. Finalmente, en 1682, el Vaticano concluyó que las tablas eran falsas. Hoy se pueden ver en una visita guiada a la abadía del Sacromonte.

FUERA DE RUTA

- No hay que perderse el **'jarrón de las Gacelas',** en el **Museo de la Alhambra,** sito en el palacio de Carlos V, de entrada gratuita (p. 49).
- Los **jardines del Carmen de los Mártires** son de estilo inglés y francés, con vistas a la ciudad y aves exóticas (p. 51).
- El **carmen del Ave María** alberga la casa-museo Manuel de Falla, el lugar donde el músico residió durante casi dos décadas (p. 51).
- Para gozar de una noche de buen flamenco, solo hay que ir al **Tabanco del Tío Gregorio,** situado en el corazón del Albaicín (p. 71).
- Desde la **última planta del Centro José Guerrero** se pueden contemplar las cubiertas de la capilla Real y la catedral (p. 124).

Explora Granada

Circuitos a pie

Vista panorámica de la Alhambra (p. 43).
SAIKO3P/SHUTTERSTOCK ©

Sugerencias de lugares para comer, beber y comprar en **p. 60**

Explora
La colina roja y el Realejo

La colina de la Alhambra se alza en el casco histórico de Granada con sus palacios, jardines, bosques y la Alcazaba, un lugar mágico en mitad de la urbe. Una isla ajena a la rutina de la vida moderna. La Alhambra es pura historia en piedra. El gran monumento del último bastión árabe en la península Ibérica. Nadie debería marcharse de Granada sin contemplarla desde alguno de los miradores de la ciudad, ni dejar de ver Granada, Sierra Nevada y la Vega al atardecer desde la fortaleza roja. A los pies de la colina se halla el bohemio barrio del Realejo, con sus callejuelas y cuestas escalonadas repletas de bares.

Cómo desplazarse

A pie

Es maravilloso llegar a la colina caminando; así se calientan piernas para la visita. Se puede subir la cuesta Gomérez, desde plaza Nueva y atravesar el bosque o enfilar la escalonada cuesta del Realejo. Aunque lo más especial es remontar la cuesta del Rey Chico o cuesta de los Chinos desde el paseo de los Tristes.

Autobús

El microbús C30 comunica el centro con la Alhambra y el C32, el Albaicín con la colina. El C31 llega desde el centro y pasa por el Realejo.

Vista de la Alhambra y, al fondo, Sierra Nevada.

★

LO MEJOR

ZONA ARBOLADA
Bosque de la Alhambra (p. 41)

MUSEO MUSICAL
Carmen del Ave María (p. 51)

ARTE URBANO
Grafitis de El Niño de las Pinturas en el Realejo (p. 57)

VISTAS
Cuesta de los Chinos (p. 42)

CIRCUITO A PIE

Por la colina roja y la Alcazaba

La colina de la Alhambra es agradable para dar un paseo. Cruzar el bosque, entrar por sus puertas, visitar la Alcazaba, disfrutar de las vistas desde la torre de la Vela y bajar al paseo de los Tristes por la cuesta de los Chinos, o subir desde este último, todo ello resulta imprescindible.

INICIO	FINAL	DURACIÓN
Puerta de las Granadas	Paseo de los Tristes	2 km, 3 h

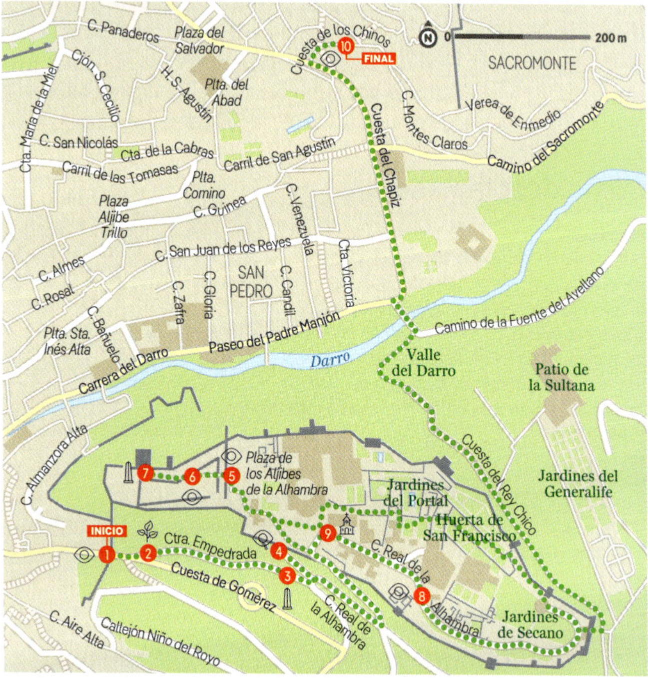

1 Puerta de las Granadas

Diseñada por Pedro Machuca, esta puerta renacentista sustituye un antiguo acceso árabe. Emerge al final de la **cuesta de Gomérez** y marca la frontera entre el centro urbano y el palacio nazarí. La atmósfera cambia al traspasarla. Sus tres granadas medio abiertas evocan el nombre de la ciudad.

2 Bosque de la Alhambra

El ruido del agua, el canto de los grillos y las cigarras, junto al frescor de altos castaños y plátanos, crean este paraíso, antaño coto de caza de Muley Hacén, penúltimo rey nazarí. **Cruzarlo de noche** para disfrutar del silencio del lugar.

3 Pilar de Carlos V

Enfilando el camino de la izquierda del bosque, la **cuesta de la Cruz,** se llega a la fuente dedicada al emperador Carlos V. Obra renacentista del propio Machuca, sus tres surtidores en forma de mascarones son símbolo de los ríos de Granada: el Darro, el Beiro y el Genil.

4 Puertas de la Justicia y del Vino

La majestuosa puerta de la Justicia luce en su enorme arco de herradura la palma de una mano grabada de inspiración coránica, que contrasta con la Virgen con el Niño del arco interior. Su entrada en recodo conduce hasta la puerta del Vino, inmortalizaba por Claude Debussy en su preludio del mismo nombre. Muy cerca, una placa recuerda a otro músico, Isaac Albéniz, quien vivió en la Alhambra en 1882.

5 Plaza de los Aljibes

Entre las torres Quebrada y del Homenaje se celebró en junio de 1922 el **Concurso de Cante Jondo** auspiciado por Manuel de Falla y Federico García Lorca. La plaza fue un espacio construido tras la reconquista cristiana en 1492 y su nombre proviene de los depósitos con que se rellenó el hueco que había entre la Alcazaba y los palacios nazaríes, y que sirvieron para garantizar el suministro de agua en los años posteriores.

6 Alcazaba

El recinto castrense que protegía los palacios de la Alhambra, en el extremo occidental de la colina, fue el antiguo **castillo Rojo,** comenzado a construir en el s. XIII. Sede de la administración nazarí, alberga restos visibles como lienzos de muralla, atalayas salientes, adarve, plaza de armas, barrio castrense y mazmorras. Las vistas del Albaicín desde el Cubo de la Alhambra, bajo la torre del Homenaje, son extraordinarias.

7 Torre de la Vela

Símbolo de Granada, esta torre vigía árabe fue cristianizada con una campana que acabó regulando la utilización nocturna de las acequias de regadío. Regala vistas de la Vega, Sierra Nevada, las sierras de Alhama y Elvira, el barranco de Loja y la loma de Parapanda. El **atardecer,** con la luz incendiando de tonos dorados la ciudad, es único desde esta atalaya.

8 Calle Real de la Alhambra

Tanto la calle alta como la baja recuerdan al visitante que pasea por un **complejo palatino** que estuvo integrado en la vida de la ciudad en el pasado. Hace un siglo, aún albergaba tabernas y cante flamenco. Sus puertas de acceso, la de la Justicia y la de los Carros, se cerraban por la noche.

9 Santa María de la Alhambra

Sobre las ruinas de una antigua mezquita se levantó esta iglesia en 1617. Está consagrada a la Virgen de las Angustias, de la que custodia una imagen obra de Torcuato Ruiz del Peral entre 1750 y 1760, que es procesionada desde este templo el Sábado Santo. Los **baños de la antigua mezquita** están justo al lado y son visitables.

10 Cuesta de los Chinos o del Rey Chico

Uno de los accesos peatonales a la colina y que desemboca en el bajo Albaicín. Con una longitud de casi 1 km y 80 m de desnivel, discurre por el **barranco que separa la Alhambra del Generalife.** Su nombre oficial recuerda la partida de Boabdil, apodado "el Rey Chico", tras la conquista cristiana; el popular, surgido en el s. XIX, alude a los cantos rodados de su parte baja.

— DE LOS 'CUENTOS DE LA ALHAMBRA' A LAS SERIES SURCOREANAS —

Durante el s. XIX, la Alhambra empezó a ocupar un importante lugar en el imaginario cultural europeo. Los palacios y el paisaje se convirtieron en la avanzadilla continental de un mundo oriental cargado de leyendas y exotismos, más imaginados que reales. La interpretación romántica de la Alhambra desde lo oriental tuvo al escritor **Washington Irving** como principal inspirador. El diplomático estadounidense disfrutó del privilegio de alojarse en el recinto durante la primavera y el verano de 1829. Fascinado, tanto por esa construcción medio derruida como por los propios granadinos, a quienes observaba desde las alturas con sus anteojos, ahondó en las leyendas populares hasta el punto de tejer una colección de relatos cuyo escenario fueron los palacios nazaríes. *Cuentos de la Alhambra* se publicó por primera vez en 1832 y la obra ha sido traducida a decenas de idiomas. Otros famosos viajeros de la época fueron **Richard Ford, Théophile Gautier, Chateubriand** o **Victor Hugo,** quien en 1829 y sin haber pisado la Alhambra incluyó en *Les orientales* el célebre poema "Grenade". Dos siglos después, la nueva versión de esos viajeros es el audiovisual. Un ejemplo es la serie surcoreana **'Recuerdos de la Alhambra',** que desde el 2018 ha hecho que se duplique el número de visitantes procedentes de ese país asiático, superando a chinos y japoneses.

★ IMPRESCINDIBLE

La Alhambra

La Alhambra, la fortaleza roja, ejerce un imponente influjo sobre la ciudad. Pasear por ella es una lección de arquitectura que va del estilo árabe bajomedieval al esplendor renacentista. Sus palacios más deslumbrantes fueron construidos por la última dinastía musulmana que gobernó en la península Ibérica, la nazarí (1238-1492).

PLANO: P. 55 **G2**

Mexuar

Era el lugar donde se reunía el consejo de ministros y el sultán impartía justicia. Su origen data del s. XIV y en el s. XVI se convirtió en capilla con una sala de oración. Destaca el friso epigráfico de yesería sobre el zócalo alicatado, con la inscripción: "El Reino es de Dios. La fuerza es de Dios. La Gloria es de Dios".

Palacio de Comares

Residencia privada del emir Yusuf I, construida en el s. XIV, destaca por la solidez de sus torres y fachadas, como la del **Cuarto Dorado,** en contraste con la delicada decoración interior de filigranas, suras y mocárabes. El agua y el jardín simbolizan el paraíso. La **torre de Comares,** la mayor de la Alhambra (45 m), alberga la mayor estancia del palacio: el salón de Comares, cuya bóveda de 8000 piezas de cedro representa los siete cielos.

Patio de los Leones

Construido por orden de Muhammed V entre 1362 y 1391, este patio es la cumbre del arte nazarí. Sus dimensiones siguen la proporción áurea y sus columnas están dispuestas simétricamente. Las arquerías de yesería calada rodean la fuente central con 12 leones de mármol. Un complejo sistema hi-

CONSEJO

Calzado cómodo y protección para el sol en verano y para el frío en invierno. Recorrer la Alhambra y el Generalife lleva al menos 2½-3 h. Se recomienda llegar unos 15 min antes de la hora reservada, pues desde la entrada principal hay que llegar a los palacios nazaríes para comenzar la visita.

Escanea este código QR para horarios, precios y demás.

RESERVAS
Se pueden reservar entradas hasta con tres meses de antelación a través de la web. También están disponibles en el centro de visitantes, que comprende el punto de encuentro para visitas.

dráulico mantenía el agua como "un amante cuyas lágrimas están siempre a punto de desbordarse", según un verso de la taza.

Sala de los Abencerrajes

Si se rodea el patio de los Leones en sentido contrario a las agujas del reloj, la primera sala es la de los Abencerrajes. Según la leyenda, las manchas de óxido en la fuente serían sangre indeleble de una familia asesinada allí. Destaca su cúpula de mocárabes en forma de estrella de ocho puntas, que representa la bóveda celeste. En la sala de los Reyes, al este del patio, los techos de cuero pintados muestran a diez sultanes nazaríes, en una de las pocas pinturas figurativas del recinto, realizadas en época cristiana.

Mirador de Lindaraja

En la **sala de Dos Hermanas,** segunda residencia del palacio de los Leones, con su cúpula pitagórica, se abre el mirador de Lindaraja. En época nazarí era una atalaya con celosía abierta al paisaje, ante un jardín bajo. Hoy se asoma al patio del mismo nombre, de aire claustral y melancólico, construido en época cristiana con materiales reutilizados y elementos musulmanes.

Galería y Peinador de la Reina

Desde las estancias cristianas donde Washington Irving escribió *Cuentos de la Alhambra,* se accede a una galería con vistas al Albaicín. A la derecha, destaca la única torre que rompe el esquema habitual, con una galería exterior de estilo italiano, el Peinador de la Reina. Irving describió el Albaicín nocturno como un "cielo bajo", por sus luces semejantes a un firmamento estrellado.

Patio de los Leones.
SOPOTNICKI/SHUTTERSTOCK ©

Palacio del Partal
El palacio del Partal, el más antiguo que sigue en pie de la época de Muhammed III [1302-1309], tiene el Albaicín como telón de fondo. Bajo la muralla, destaca su alberca central y la **torre de las Damas.** Sus jardines en terraza albergan un oratorio de la época de Yusuf I, integrado en el paisaje. Se puede salir hacia el palacio de Carlos V o seguir hasta el Generalife.

Paseo de las Torres
Este camino empedrado une el Partal con la Alhambra alta y el Generalife por el adarve de la muralla. Se encuentran torres como la de los Picos, la del Cadí, la Cautiva, las Infantas y la del Cabo de la Carrera. Desde el paseo, se obtiene una de las mejores vistas del **Generalife,** con sus huertas, aún en cultivo, separadas por muros de tapial.

GUÍAS
Hay infinidad de ofertas. Las de Másquetours las dirige una arquitecta.

★ IMPRESCINDIBLE

El Generalife

No se puede entender la Alhambra sin el Generalife, ni este sin aquella. En el **cerro del Sol** se alza esta almunia construida entre los ss. XII y XIV. En sus acequias, aljibes y huertas aún se cultivan, como en época nazarí, granadas y almendras. En el extremo norte de la ladera se alza el palacio de verano del emir.

PLANO: P. 55 **H1**

CONSEJO
Si hay tiempo y fuerzas para subir escaleras, se puede visitar la zona alta del Generalife. Se accede a través del portón frente a la galería del patio de la Sultana.

Escanea este código QR para horarios, precios y demás.

Jardines

Los Granada Venegas, una ilustre familia morisca conversa que descendía de los nazaríes, dominaron este lugar durante cinco siglos. En 1921 el Estado adquirió el Generalife y así comenzó la creación de un parque público entre la Alhambra y la finca. Los **Jardines Nuevos** están constituidos por un laberinto con arquerías de rosaledas y cipreses en una interpretación del jardín musulmán. Desde época medieval aún se cultiva aquí arrayán, cuya corteza roja se puede ver y oler en el **paseo de las Adelfas.**

Patio de la Acequia

Concebido como jardín interior en época nazarí, la galería con arcos que se asoma al oeste, añadida en época cristiana, abrió el patio al paisaje. Presidido por una acequia rodeada de parterres, sus famosos surtidores cruzados han inspirado fuentes en todo el mundo. Las ventanas bajas del mirador permiten, si se está sentado en el suelo, contemplar el paisaje, con las huertas, la colina de la Alhambra y la ciudad al fondo.

Salón Regio

De uso representativo, este salón emerge al fondo del patio de la Acequia tras un pórtico de cinco arcos. Decorado con yeserías e inscripciones, conduce a un mirador del s. XIV. Más sobria que los palacios de la Alhambra, esta villa rural fue definida por el arquitecto Leopoldo Torres Balbás como "sencilla e íntima". No hay atisbo alguno de pretenciosidad, magnificencia o monumentalidad.

Patio de la Sultana

El tronco de un ciprés de 700 años da idea de la delicada sombra que este árbol debió regalar a este patio de estilo renacentista. Rodeado de surtidores que lanzan agua dando un ambiente de frescor, este patio impresionó en 1526 al embajador de la República de Venecia. Según una leyenda novelada por Ginés Pérez de Hita, el ciprés de la Sultana fue testigo de los amoríos entre la esposa de Boadbil y

AUDIOGUÍAS GRATIS

La audioguía de la Alhambra en formato *app* (audioguia.alhambra-patronato.es) es gratuita.

WIFI GRATIS
Hay wifi gratuita en todo el recinto (nombre: Alhambra; contraseña: unesco2012).

VISTAS
La Silla del Moro o antiguo castillo de Santa Elena vigilaba el Generalife. Ofrece buenas vistas de los palacios y de Granada.

un caballero abencerraje, lo que desencadenó la muerte de los señores de esta familia.

Escalera del Agua

Esta muestra de ingeniería ornamental fue definida como un "barandal de espumas" por un impresionado Juan Ramón Jiménez en 1924. Sus descansillos con fuentes y el pasamanos de cerámica, por donde corre el agua de la acequia real, le otorgan un aire meditabundo, siempre que las hordas de turistas lo permitan. La escalera lleva a un romántico mirador en la cota más alta del Generalife, donde antaño seguramente se alzaba una mezquita.

NOCHES EN LOS JARDINES

Los jardines del Generalife se completaron con un anfiteatro al aire libre en 1952, creado expresamente para el **Festival Internacional de Música y Danza de Granada,** que desde entonces se celebra en este lugar los meses de junio y julio, así como conciertos, espectáculos de danza y obras de teatro en las noches estivales. En el lugar se crea una atmósfera mágica para escuchar piezas del gaditano Manuel de Falla, quien vivió en Granada entre 1919 y 1939. Mucho antes, en su juventud parisina, compuso *Noches en los jardines de España* (1909), obra para piano y orquesta cuyo primer movimiento está inspirado en el Generalife. Su música evoca las fuentes de agua y los cipreses que flanquean la almunia nazarí. Se trata de la obra más modernista e impresionista de Falla, que el célebre compositor interpretó al piano en 1916 frente a estos jardines, en el palacio de Carlos V.

★ IMPRESCINDIBLE

Palacio de Carlos V

Tras la conquista de Granada, Isabel la Católica quiso convertir la Alhambra en alcázar real. El palacio del emperador Carlos V, su nieto, fue concebido en estilo renacentista, aunque nunca se finalizó. Aun así, supone una perfecta fusión arquitectónica de Oriente y Occidente. Hoy alberga el **Museo de la Alhambra** y el **Museo de Bellas Artes.**

El edificio cuadrado

El palacio fue diseñado por Pedro Machuca, formado en el círculo artístico de la Roma de León X. Dirigió las obras entre 1533 y 1550. El almohadillado de la fachada, las anillas de bronce y sus frontales evocan la arquitectura del Imperio romano. La horizontalidad del edificio y sus fachadas de mármol recuerdan a los arcos de triunfo y los *ara pacis* que conmemoraban las victorias del emperador Augusto en la Galia y en Hispania. Se financió con impuestos a musulmanes convertidos al cristianismo, pero quedó inconcluso al agotarse los fondos tras la rebelión morisca de Granada en 1568.

El patio circular

Este patio porticado, inscrito en un cuadrado, exhibe los **tres órdenes clásicos** en sus columnas. En 1619 se completó la columnata alta, se siguió con la escalera norte y las obras continuaron hasta su abandono en 1637, sin cubrir el edificio. Permaneció inconcluso hasta que, en 1923, Leopoldo Torres Balbás lo restauró para convertirlo en museo.

Museo de la Alhambra

En la planta baja del palacio se expone una valiosa colección de arte nazarí recuperada de excavacio-

PLANO: P. 55 **E1**

ESPACIOS SECRETOS

Algunas joyas de la Alhambra solo se pueden visitar una vez al año por motivos de conservación. Se recomienda consultar el programa "Espacios del mes" del Patronato del monumento.

Escanea este código QR para horarios, precios y demás.

LOUIELEA/SHUTTERSTOCK ©

MEJOR A PRIMERA HORA
Como la entrada es gratuita, suele estar muy frecuentado.

GRABADOS EPIGRÁFICOS
Leer la traducción de la decoración epigráfica en paredes y ornamentos aportará otra dimensión a la visita.

nes y restauraciones. Incluye un reloj de sol, coranes, tramos de acequias y empedrados, cerámica verde manganeso, capiteles y un *yamur* de bronce. También se exhiben los leones del Maristán, celosías, puertas de taracea, lápidas, ajuares, lámparas y una pieza única de loza dorada: el **'jarrón de las Gacelas'.** Además, la entrada es gratuita.

Museo de Bellas Artes

La mayor pinacoteca de la ciudad alberga pinturas y esculturas del s. XV al XX. Gran parte de su colección proviene de fundaciones religiosas desamortizadas en el s. XIX, junto con depósitos del Museo del Prado y nuevas adquisiciones. Destacan Roberto Alemán, Sánchez-Cotán, Alonso Cano y Manuel Ángeles Ortiz. También hay exposiciones temporales sobre la Alhambra. Entrada gratuita.

★ IMPRESCINDIBLE

Al otro lado de la colina: el Realejo

Las calles que bajan desde la colina de la Sabica hasta el barrio del Realejo por la **Antequeruela,** "se despeñan como ríos que quisieran inundar la Vega", como diría Miguel Ríos, músico y vecino del lugar. Entre cuestas y escaleras, con hermosas vistas, hay caminos serpenteantes y rincones que dan a cármenes ocultos.

PLANO: P. 55 **G4**

1 Carmen de los Mártires

Más que de un carmen se trata de un **palacete dieciochesco,** enclavado en unos espléndidos jardines *(andalucia.org/es/granada-turismo-cultural-carmen-de-los-martires)*. Su origen está en una ermita, edificada en este lugar por los Reyes Católicos, que en el s. XVI se convirtió en el convento de los carmelitas descalzos del que fuera prior san Juan de la Cruz. Al pasear por sus paradisiacos jardines se verán patos y pavos reales, cinamomos y cedros, e incluso un viejo acueducto. La entrada es gratuita.

CONSEJO
Hay que ir preparado para subir y bajar bastantes cuestas y escaleras en esta zona.

2 Carmen del Ave María

La que fuera **vivienda del maestro Manuel de Falla** entre 1922 y 1939 se mantiene detenida en el tiempo. Esta casa-museo, solo accesible en circuito guiado, permite ver desde el piano del compositor hasta sus medicamentos *(manueldefalla.org/casamuseo.php)*. En sus estancias, con amplias vistas, cuelgan obras como los figurines de Pablo Picasso para *El sombrero de tres picos,* aparte de flotar en el ambiente aquellas tertulias que don Manuel tuvo con amigos como Fernando de los Ríos, Ángel Barrios, Hermenegildo Lanz o Federico García Lorca. "Me siento en Granada

Escanea este código QR para conocer el barrio más a fondo.

FORTUNY
Algunos rincones del barrio inspiraron obras del pintor Mariano Fortuny, que vivió en él entre 1870 y 1872.

como en el centro del mundo, como si Granada fuese un pequeño París", dijo el maestro gaditano sobre una ciudad en la que fue feliz.

❸ Fundación Rodríguez-Acosta

Peculiar edificio que ocupa un enorme recinto en la loma del Realejo creado en 1914 por el granadino José María Rodríguez-Acosta *(fundacionrodriguez acosta.com)*. Este singular enclave es un compendio de géneros arquitectónicos que abarca desde el *art déco* a los estilos neoclásico, neoclásico y neobarroco, entre otros. Hay circuitos guiados por los túneles subterráneos y un **museo con obras**

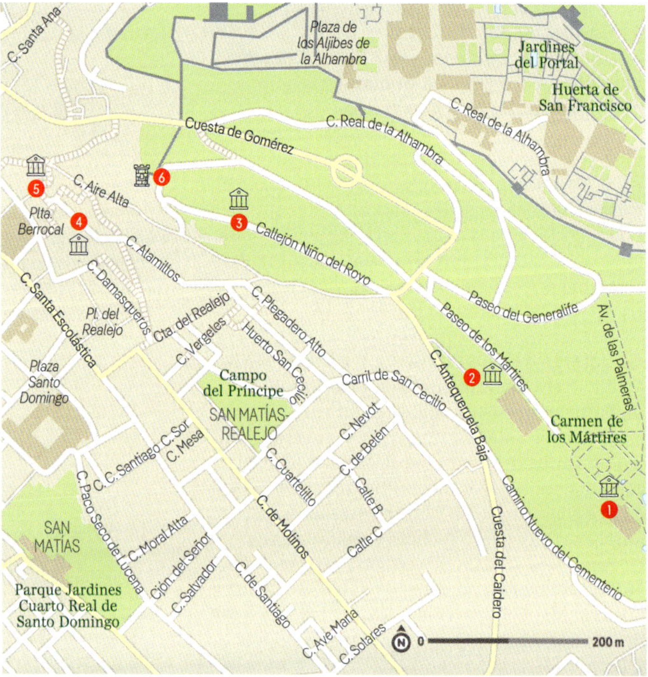

originales de Pacheco, Cano y Zurbarán. También se puede visitar la **biblioteca,** una de las mejores del lugar. Un edificio racionalista semienterrado del arquitecto García de Paredes acoge el museo del legado de Gómez Moreno.

SAN CECILIO
Bajar hasta la parroquia de San Cecilio significa seguir los pasos diarios de Manuel de Falla para ir a misa.

4 Placeta Puerta del Sol

El **antiguo lavadero** que preside esta plaza tiene vistas a la ciudad y a Sierra Nevada. Se encontraba cerca de la puerta del Sol, nombre que recibe esta parte de la colina. Su arquitectura es sencilla: una estructura porticada con pilas en su interior para hacer la colada y un suelo empedrado al estilo tradicional granadino. Los lavaderos formaban parte de las redes de dotaciones públicas y su función era muy importante en una época en la que las casas carecían de agua corriente. Hoy es una atalaya recóndita donde tomarse un respiro.

5 Casa Sefardí

Tras su expulsión en 1492, hoy quedan pocos restos judíos en la ciudad. Sin embargo, en sus orígenes, el barrio del Realejo era la judería granadina. En su recuerdo se abrió un museo en el 2013 *(andalucia exclusiva.com/museo-sefardi-de-granada),* año en que el Gobierno español decidió otorgar la nacionalidad española a quienes pudieran documentar su ascendencia sefardí. Aunque es diminuto, muestra una fascinante selección de objetos.

6 Torres Bermejas

El callejón del Niño del Royo lleva a las torres Bermejas, una de las construcciones más antiguas de la ciudad, que puede corresponder a los restos de una pequeña torre vigía de finales del s. VIII o principios del s. IX. El conjunto lo forman tres torres y un baluarte de época cristiana, debajo del cual parece encontrarse un aljibe. Desde este lugar parte un precioso camino que desemboca en el corazón de la colina de la Sabica.

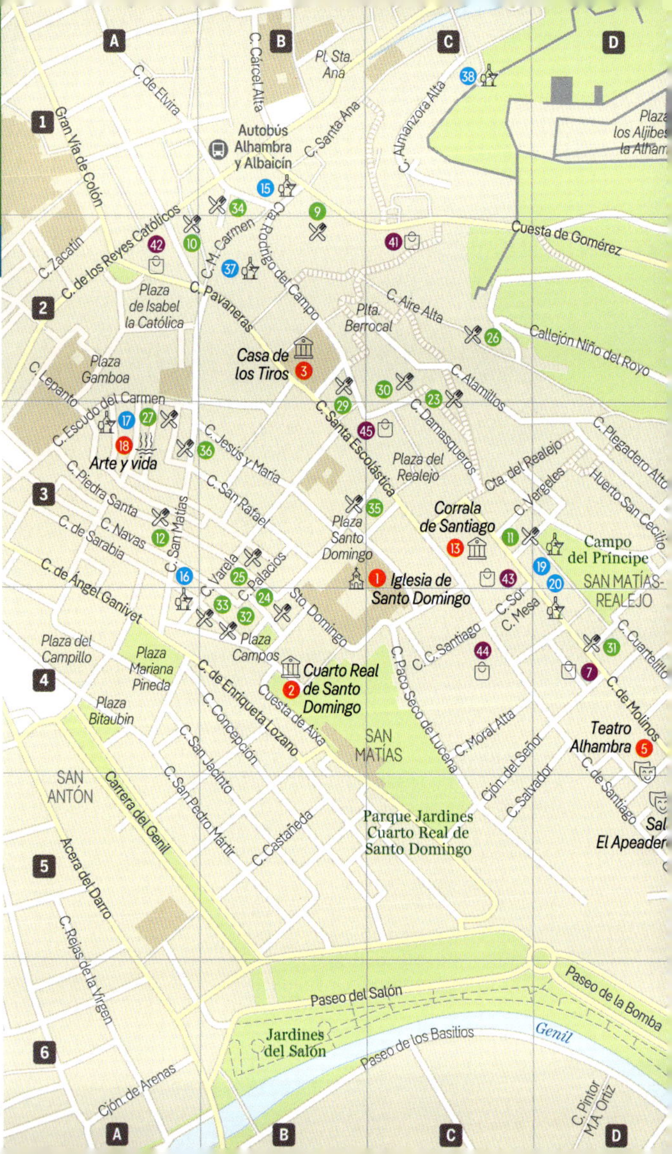
A
B
C
D
1
2
3
4
5
6
C. de Elvira
C. Cárcel Alta
Pl. Sta. Ana
C. Santa Ana
C. Almanzora Alta
Gran Vía de Colón
Autobús Alhambra y Albaicín
Plaza los Aljibes la Alham
Cuesta de Gomérez
C. Zacatín
C. de los Reyes Católicos
Plaza de Isabel la Católica
C. M. Carmen
Cta. Rodrigo del Campo
C. Pavaneras
Plta. Berrocal
C. Aire Alta
Callejón Niño del Royo
Casa de los Tiros
Plaza Gamboa
C. Lepanto
C. Escudo del Carmen
Arte y vida
C. Alamillos
C. Damasqueros
C. Santa Escolástica
C. Jesús y María
C. San Rafael
Plaza del Realejo
C. Plegadero Alto
Huerto San Cecilio
Cta. del Realejo
C. Vergeles
C. Piedra Santa
C. Navas
C. de Sarabia
C. San Matías
Plaza Santo Domingo
Corrala de Santiago
Campo del Príncipe
SAN MATÍAS-REALEJO
C. de Ángel Ganivet
C. Varela
C. Palacios
Iglesia de Santo Domingo
Sto. Domingo
C. Sol
C. Mesa
C. Cuartelillo
Plaza del Campillo
Plaza Mariana Pineda
Plaza Campos
Cuarto Real de Santo Domingo
C. C. Santiago
C. de Molinos
C. de Enriqueta Lozano
Cuesta de Aixa
C. Paco Seco de Lucena
Plaza Bitaubín
C. Concepción
SAN MATÍAS
C. Moral Alta
Teatro Alhambra
C. San Jacinto
Cjón. del Señor
C. Salvador
C. de Santiago
SAN ANTÓN
Carrera del Genil
C. San Pedro Mártir
C. Castañeda
Parque Jardines Cuarto Real de Santo Domingo
Sal El Apeader
Acera del Darro
C. Rejas de la Virgen
Paseo del Salón
Paseo de la Bomba
Jardines del Salón
Paseo de los Basilios
Genil
Cjón. de Arenas
C. Pintor M.A. Ortiz
1
2
3
5
7
9
10
11
12
13
15
16
17
18
19
20
23
24
25
26
27
29
30
31
32
33
34
35
36
37
38
41
42
43
44
45

E
F
G
H
1
2
3
4
5
6
Palacio de Carlos V
Jardines del Portal
Cuesta del Rey Chico
Jardines del Generalife
El Generalife
Huerta de San Francisco
C. Real de la Alhambra
C. Real de la Alhambra
39
21
La Alhambra
Jardines de Secano
22
Paseo del Generalife
8
40
C. Antequeruela Baja
Paseo de los Mártires
Av. de las Palmeras
Camino Viejo del Cementerio
arril de San Cecilio
Auditorio Manuel de Falla
4
Carmen de los Mártires
Nevot
de Belén
Calle B
Calle C
Cuesta del Caidero
Camino Nuevo del Cementerio
0
200 m
Más información
Imprescindible p. 43
Experiencias p. 56
Comer p. 60
Beber p. 62
Comprar p. 62
Solares
Santa María de la Alhambra
Av. de Santa María de la Alhambra
Camino Nuevo del Cementerio
C. de las Mercedes
C. Zahareña
Vistilla de los Ángeles
Cuesta de Escoriaza
28
Jardines de la Bomba
Casa Molino Ángel Ganivet
14
Cta. Molinos

EXPERIENCIAS

Sufrir el síndrome de Stendhal ante la fachada de Santo Domingo
IGLESIA

PLANO: 1 P. 54 C3

La fachada más hermosa de las iglesias granadinas, a los pies de la colina roja, forma parte del **convento dominico de Santa Cruz la Real,** fundado por los Reyes Católicos poco después de entrar en la ciudad. La **iglesia de Santo Domingo** *(958 227 331; gratis en horas de culto),* construida en el s. XVI, incorpora elementos góticos, como sus arcos y bóvedas, además de renacentistas y barrocos. Destaca por su original fachada, con frescos contemporáneos y abierta por un pórtico a la agradable plaza que preside fray Luis de Granada, junto a la que se encuentra su fabuloso claustro.

Descubrir el Cuarto Real de Santo Domingo
MONUMENTO

PLANO: 2 P. 54 B4

Se trata de uno de los edificios islámicos más antiguos de Granada, del. XIII, anterior a la Alhambra. Del antiguo complejo palaciego únicamente se conserva una torre-palacio adosada a la muralla, una *qubba* o sala con un techo con forma de artesa. El acceso a la *qubba* del **Cuarto Real de Santo Domingo** *(958 849 111; 2 €/gratis do por la mañana)* se realiza a través de un bello arco de mocárabes, decorado con una estrella de ocho

Iglesia de Santo Domingo.

puntas con epigrafía árabe clásica en su interior que, sin duda, fue el modelo para el salón de los Embajadores de la Alhambra.

Sentir la ciudad en la Casa de los Tiros

MUSEO

PLANO: 3 P. 54 B2

Sus primeros propietarios fueron los Granada Venegas, el apellido que utilizaron tras convertirse al cristianismo los Cidi Yahya, últimos descendientes de la familia real granadina. En la actualidad, la **Casa de los Tiros** *(museosdeandalucia.es/web/museocasadelostirosdegranada; gratis)* alberga el museo de la ciudad Debe su nombre a la decoración de mosquetes (tiros) entre sus almenas y destaca por su ornamentación alegórica renacentista tanto de la fachada como de una de sus salas, la Cuadra Dorada, alusiva al origen guerrero de la familia y en cuyo escudo de armas se lee "El corazón manda". Durante el mes de septiembre abre su jardín todos los martes al ciclo "Poesía en el jardín".

TEATRO Y CONCIERTOS

Auditorio Manuel de Falla

PLANO: 4 P. 54 F3

La sede de la magnífica orquesta de la ciudad *(manueldefalla.org)* posee una increíble acústica para gozar de todo tipo de música, desde clásica a flamenco. También acoge el archivo de Manuel de Falla.

Teatro Alhambra

PLANO: 5 P. 54 D4

Teatro, danza y conciertos en una sala *(juntadeandalucia.es/teatro-alhambra)* cuya programación es referente de modernidad, con una decidida apuesta por el flamenco y por las compañías teatrales de Granada y Andalucía.

Sala El Apeadero

PLANO: 6 P. 54 D5

Artes escénicas, exposiciones, centro de formación y laboratorio cultural autogestionado por artistas y gentes de la cultura *(elapeadero.com)*.

EL UNIVERSO DEL NIÑO DE LAS PINTURAS

El Niño de las Pinturas es uno de los grandes del arte urbano a escala internacional. Dibujó a Federico García Lorca en pleno Chinatown neoyorquino en el 2015, aunque el museo vivo del artista se encuentra en el barrio en el que vive, el Realejo granadino. Sus paredes, muros y persianas llevan años llenándose de color, de poesía y de caligrafía con retratos de niños, músicos o animales que son la marca del artista y constituyen un experimento de convivencia con los vecinos. A modo de juego, el viajero puede buscar sus murales por el barrio e incluso la casa del artista, pintada de azul. Multitud de soportes con trocitos de su obra se pueden comprar en **Mítica Tattoo** (PLANO: 7 P. 54 D4), su tienda oficial.

DESAYUNAR EN EL REALEJO

La terraza del **Alhambra Palace** (PLANO: 8 P. 54 **E3**) permite desayunar con vistas de fábula. No se queda atrás la pequeña **azotea del Hotel Puerta de las Granadas** (PLANO: 9 P. 54 **B1**), frente a la torre de la Vela. Más asequible es la primera comida del día en **Minuit Pan & Café** (PLANO: 10 P. 54 **A2**) y desayuno de barrio es el que ofrece un clásico, **Paco Cordones** (PLANO: 11 P. 54 **C3**). Si se desea algo más internacional, tipo *brunch*, lo encontrará en **Susurro** (PLANO: 12 P. 54 **A3**).

Vida de barrio mudéjar en la corrala de Santiago EDIFICIO

PLANO: 13 P. 54 **C3**

Esta corrala de vecinos, que se remonta a los ss. XVI-XVII, es uno de los mejores ejemplos de arquitectura popular mudéjar en la ciudad. Se dispone en torno a un patio central en el que se levantan algunos pilares cuadrados, de piedra caliza, que sirven de sustento a tres galerías. De ellas, las dos superiores están rematadas por balaustradas de madera. En la actualidad, la **corrala de Santiago** *(corraladesantiago.ugr.es; gratis)* forma parte de la Universidad de Granada y, además de servir de residencia, mantiene durante todo el año una interesante programación cultural.

Sala principal, 'qubba', del Cuarto Real de Santo Domingo.

Encontrar un molino árabe en la casa de Ángel Ganivet ARQUITECTURA HIDRÁULICA

PLANO: 14 P. 54 **F6**

Situado entre el bajo Realejo y el paseo de la Bomba, la **Casa Molino Ángel Ganivet** *(958 247 395; gratis)*, de origen árabe, fue residencia de juventud del escritor y diplomático Ángel Ganivet, uno de los más ilustres granadinos del s. XIX. La vivienda forma parte de una de las obras hidráulicas de la Granada islámica, la conocida como acequia gorda del Genil, la misma que regó las huertas, molinos y quintas de recreo en esta zona. El complejo constituye un valioso tesoro del patrimonio hidráulico y tradicional, que estuvo en uso como tal hasta la década de 1930. En la actualidad es un espacio cultural y alberga el Centro Provincial de Documentación.

De música y copas por el Realejo BARES

La Estrella (PLANO: 15 P. 54 **B1**) es un templo del *indie-rock* granadino, con un cartel luminoso que forma parte del paisaje nocturno de la ciudad. **Loop Bar & Records** (PLANO: 16 P. 54 **A3**) hace doblete como bar y tienda de discos de vinilo. **3onzas** (PLANO: 17 P. 54 **A3**; *3onzas.com*) es una exquisita coctelería que ofrece "gastronomía líquida" en sus cómodos sillones.

Relajarse en unos baños escondidos SPA

PLANO: 18 P. 54 **A3**

Arte y vida *(artevidasuites.com; circuito termal 12 €)* es un pequeño *spa* localizado en el antiguo laberinto de la Manigua, lejos del mundanal ruido y sin las colas ni multitudes de otros baños de la ciudad. Un oasis.

EL CAMPO DEL PRÍNCIPE

Esta explanada ha sido históricamente un lugar de recreo y esparcimiento. Hoy esta gran plaza es punto neurálgico del Realejo gracias a una colección de terrazas y bares que la han convertido en un popular lugar de tapeo. Las mejores vistas a la colina roja, con el Alhambra Palace y la Fundación Rodríguez Acosta en primera línea, se obtienen de día y desde su extremo oeste. Pero no todo es comer y beber aquí, ya que los granadinos dan las gracias cada Viernes Santo al Cristo de los Favores, situado en el centro de la plaza. El resto del año, lo que se pide a diario son cervezas, vinos y tapas como caracoles en **Los Altramuces** (PLANO: 19 P. 54 **D3**) o cócteles y raciones en **Santa Casta** (PLANO: 20 P. 54 **D3**).

SUGERENCIAS

Localizaciones en el plano de la **p. 54**

Lo mejor para...

€ Económico €€ Medio €€€ Alto

Comer

Para no olvidar

Parador de San Francisco €€€
21 F2
En el parador nacional se come en el corazón de la Alhambra, entre los muros del antiguo convento fundando por los Reyes Católicos en un antiguo palacio nazarí. Una experiencia con sabores árabes y andaluces. *parador.es/parador-de-granada; 8.00-22.00*

La Mimbre €€
22 H2
Terraza privilegiada en el bosque de La Alhambra, siempre ambientada y con gran variedad de verduras, carnes y pescados en su carta. No hay que perderse el jamón de Trevélez. *restaurantelamimbre.es; 12.00-17.00*

Damasqueros €€/€€€
23 C2
Pura artesanía contemporánea elaborada entre fogones. La chef Lola Marín ofrece semanalmente un menú de degustación elaborado con productos de temporada. Tiene una barra más informal, pero con la misma calidad. *damasqueros.com; 13.30-15.00 y 20.30-22.30 ma-sa, 13.30-15.00 do*

La Tana €€
24 B4
Vinoteca en el Realejo con comida tradicional andaluza y siempre abarrotada. Lo mejor es preguntar al camarero cuáles son los vinos del mes y pedir el surtido de ibéricos o tomate en temporada. *tabernalatana.com; 12.30-16.00 y 20.30-24.00*

De lo local a lo global

La Botillería €€
25 B3
Mesas con mantel en un local que aúna la tradición con la innovación. En el corazón del Realejo, este sitio con solera acoge bajo el mismo techo restaurante, bar, cafetería y coctelería non stop. *labotilleriagranada.es; 12.30-23.45*

Carmen de San Miguel €€
26 C2
El mirador de este restaurante extiende la Vega a los pies del comensal. En la ladera más tranquila de la Alhambra, junto a las torres Bermejas, su cocina ofrece productos cien por cien granadinos y de temporada con un aire innovador. *carmensanmiguel.com; 12.30-16.00 y 19.30-23.30 ma-sa*

Manigua €€
27 A3
En el laberinto del Realejo y tomando el nombre del antiguo barrio chino de la zona, este restaurante lleno de talento tiene dos armas: las granadas y las cucharas. Mucho guiso bueno y poca tapa. *maniguacasadecomidas.com; 13.30-17.00 y 20.30-23.30 mi-sa, 13.30-17.00 do*

Bar Ranco €€

28 HE

Para cenar con vistas sin rascarse mucho el bolsillo. Con aroma familiar, comida abundante e impresionantes vistas de la sierra y la Vega. *asadorbarranco.com; inv 14.00-17.00 y 21.00-24.00 vi y sa, 14.00-17.00 do (inv), 21.00-24.00 mi-do (ver)*

Tapas

Candela €

29 B3

"El bar de tu vida". Así se define en redes este pequeño local repleto de luz, punto de encuentro de artistas y músicos, además de estudiantes. Los perros son bienvenidos. *958 227 010; 13.00-1.00*

Potemkin €

30 C2

En una escondida placeta se han unido algunos incondicionales del "estilo Potemkin", una mezcla de cocina tradicional japonesa y buena música. También comida para llevar. *642 274 240; 13.00-15.30 y 20.00-23.30*

La Taberna de Kafka €€

31 D4

Pequeña taberna cerca del Campo del Príncipe con encanto y una fusión de cocina andaluza e internacional, además de una larga carta de vinos apuntados en una gran pizarra. Además, hay libros y dejan entrar a las mascotas. *665 953 820; 13.00-16.00 y 20.00-24.00 ma-sa*

Los Diamantes II €€

32 B4

Toda una institución en el arte de la fritura, con varias sucursales en Granada. Abierto desde 1942, sus locales son auténticos santuario para los amantes del *pescaíto* frito y la caña bien tirada. *barlosdiamantes.com; 13.00-16.00 y 20.00-23.30*

Malvasía €€

33 B4

Vinos de la tierra y cavas bien entendidos junto a una excelente carta de tapas. Se recomienda ir sin prisas para saborear la sabrosa oferta de este cálido local con precios más que razonables. *685 611 887; 13.00-16.00 y 20.00-24.00 ju-lu*

La Trastienda €€

34 B1

Otro rincón histórico donde degustar vinos de la tierra y buena charcutería. Es un lugar singular: se entra en una antigua tienda de ultramarinos que data de 1836 y de ahí se pasa a un bar con mucho encanto, apartado del mundanal ruido. *latrastienda1836.com; 19.30-24.00 lu-vi, 12.30-16.30 y 19.30-0.30 sa*

Taberna Jerez €€

35 C3

Taberna de barrio a un paso de Santo Domingo que ofrece calidad y buena atención a precios razonables. Menú tradicional, buenos vinos y algún guiso en ocasiones. Por cierto, son muy fans del cantaor Enrique Morente. *856 832 472; 13.00-2.00 ma-sa, 13.00-18.00 do*

La Taberna Chica €€

36 B3

Bar de vinos que hace honor a su nombre, donde además reina la autenticidad del barrio. Parroquianos de toda la vida se mezclan con visitantes que piden sus tapas estrella: jamón asado y tortilla. *697 682 703; 20.30-3.00 lu-vi, 13.30-3.00 sa*

Beber

Un clásico

Casa de vinos La Brujidera
37 B2
Más de un centenar de vinos, tintos, blancos, generosos y dulces, además de cavas ofrece esta taberna que cada mes varía la selección de caldos que ofrece por copa o en botellas. Tapas de acompañamiento y buenos embutidos. *casadevinosgranada.es; 12.30-16.00 y 20.30-24.00 lu-ju, 12.30-24.00 vi-do*

Con vistas

Huerto del Loro
38 C1
El atardecer sobre el Albaicín es mágico desde esta espectacular terraza. Justo bajo el mirador de la Churra, es un lugar privilegiado donde sirven copas y cócteles, acompañados de frutos secos y gominolas. *huertodel loro.com; 16.00-22.00 ju-do*

Alhambra Palace
véase 8 E3
La famosa terraza del Palace, depara fabulosas vistas sobre la ciudad, la Vega y Sierra Nevada. Las puestas de sol permiten ver cómo la luz va difuminando el paisaje. Eso sí, el precio de las copas es acorde al lugar. *h-alhambrapalace.es/es/terraza; 10.30-24.00*

Azotea del Hotel Puertas de las Granadas
véase 9 B1
Este hotel con encanto ofrece una azotea con vistas a la torre de la Vela desde donde se pueden ver los colores del atardecer con una copa o unas tapas. Se recomienda el vermut casero. *alarique.com; 8.00-23.30*

Comprar

Artesanía

Laguna Taracea
39 F2
Taller de taracea en el corazón de la colina de la Alhambra, una técnica aplicada al revestimiento por incrustación para la que se utilizan piezas cortadas de distintos materiales. Llevan desde 1877 practicando esta técnica artesanal medieval. *lagunataracea.com; 9.30-18.00 lu-vi (inv), 9.30-19.00 (ver), 9.30-14.00 sa y do*

Taracea del Árbol
40 E3
Negocio familiar que lleva un siglo y medio dedicado a la fabricación de piezas de taracea granadina. En este taller realizan piezas a imagen y semejanza de los majestuosos muebles de la Alhambra. *delarbol.net; 9.00-20.00*

Casa Ferrer
41 C2
Granada es uno de los mejores lugares del mundo para comprar guitarras al tener a algunos de los mejores lutieres. Esta tienda, camino de la Alhambra, tiene a sus espaldas casi 150 años de historia. Sus modelos son clásicos y flamencos. *guitarreriacasaferrer.com; 10.00-13.30 y 17.00-20.00 lu-vi*

Librerías

Tienda librería de la Alhambra
42 A2
Las tres tiendas oficiales del Patronato de la Alhambra ofrecen souvenires, para variar, estilosos y de buen diseño, pero de precios algo subidos. Cerámica, cuero, arte,

bibliografía especializada y objetos heterogéneos y muy auténticos. *alhambra tienda.es; 8.00-20.30*

¡¡¡Tremenda!!!

43 C3

Si las librerías hablan de las ciudades en las que se hallan, esta lo hace de su barrio, el Realejo. Un pequeño local que rezuma amor por los libros haciendo hincapié en editoriales pequeñas y autores locales. *tienda. tremendalibreria.com; 10.00-14.00 y 17.00-20.00 lu-vi (inv) 10.00-14.00 y 18.00 a 21.00 (ver), 10.00-14.30 sa*

Alimentación

Dulces de las comendadoras de Santiago

44 C4

El torno de este real monasterio es una puerta al cielo de los golosos. Con fórmulas y recetas celosamente guardadas, muchos de estos dulces son de tradición morisca. *comendadorasdesantiago granada.es; para comprar llamar al 958 225 250 o enviar whatsapp 662 699 285*

Casa Diego

45 C3

Esta rejuvenecida tienda de ultramarinos abrió en 1927 y, gracias a varias generaciones de la misma familia, en ella aún se pueden encontrar algunos de los mejores productos de Granada, además de exquisiteces *gourmet* de todas las regiones del país. *958 227 091; 8.30-21.00 lu-vi, 8.30-14.00 sa*

Parador de San Francisco.

FRANCISCO JAVIER DIAZ/SHUTTERSTOCK ©

CIRCUITO A PIE

Universo Lorca: tras los pasos de Federico

Granada es Lorca. Su paisaje y el de la Vega distan mucho del que conoció el poeta, pero muchos son los que llegan siguiendo sus huellas. La urbe invita a pasear por los lugares que Federico transitó, los rincones importantes de su ciudad y provincia, las casas en las que vivió o algún piano que tocó.

INICIO	FINAL	DURACIÓN
Plaza de los Aljibes	Fuente de Aynadamar	43 km (Granada, 3,5 km)

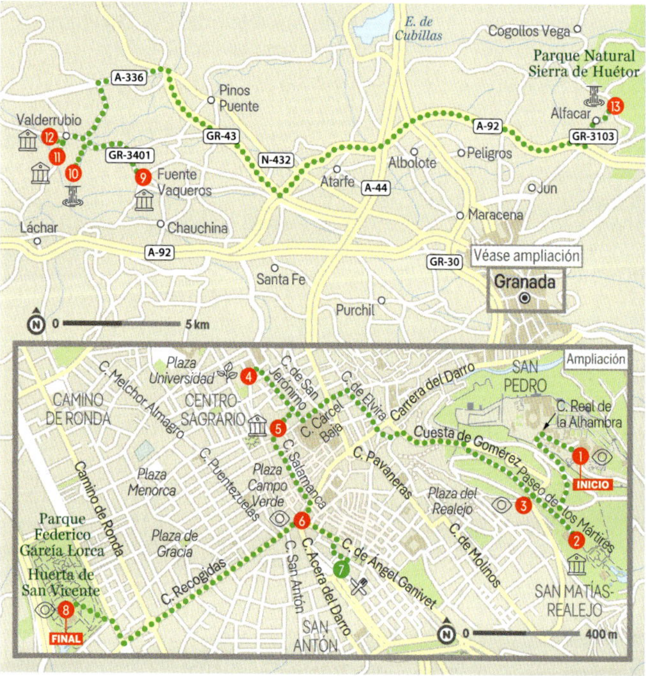

1 Plaza de los Aljibes

En junio de 1922, esta plaza de la Alhambra (p. 43) fue escenario del Concurso de Cante Jondo. Organizado por Lorca y Falla, pretendía rescatar "el cante primitivo andaluz" y tuvo decorados de Zuloaga. Asistieron, entre otros muchos, Ramón Gómez de la Serna, el director musical Kurt Schindler y el musicólogo John B. Trend. El público vistió a la moda romántica de mediados del s. XIX.

2 Carmen de Falla

Lorca tocó numerosas veces el piano en la preciosa casa de su amigo Falla (p. 51). Las vocaciones de ambos se cruzaron y el poeta se inspiró para sus dibujos en los soles, medias lunas y girasoles de una cortina bordada que Falla compró en un viejo anticuario. A la callecita a la que se asoma esta casa-museo, el poeta llevó a la banda municipal en la Nochevieja de 1921 para felicitar al maestro por su santo con la "Canción del fuego fatuo".

3 Teatrillo neoárabe del Alhambra Palace

Lugar lorquiano de obligada visita en uno de los edificios más emblemáticos de la ciudad (p. 62). Este teatrillo acogió por primera vez la lectura de Federico García Lorca ante el público de varios fragmentos del *Poema del cante jondo*. Años después fue escenario del homenaje a Margarita Xirgu a raíz de la representación de *Mariana Pineda* en Granada.

4 Facultad de Derecho y jardín botánico

Edificio del s. XIX donde García Lorca cursó estudios universitarios, primero de Letras y luego de Derecho. En su jardín botánico hay una escultura dedicada al profesor Fernando de los Ríos, mentor de Federico. El reverso tenebroso del edificio está en la entrada posterior, por la calle Duquesa, que acogió al Gobierno Civil donde García Lorca fue conducido tras su detención en 1936.

5 Centro Federico García Lorca

Edificio vanguardista destinado a la investigación de la vida y la obra del poeta, que guarda desde junio del 2018 todo su legado en una cámara acorazada que cuelga sobre la biblioteca; en él hay 5000 manuscritos de Lorca y otros 3000 de diferentes autores. El centro programa exposiciones temporales en torno al poeta.

6 Puerta Real

Epicentro bullicioso de la ciudad también en tiempos de García Lorca, donde abría sus puertas El Suizo, el gran café de Granada, hoy desaparecido. En torno a este lugar estuvieron las viviendas granadinas de la familia García Lorca y aquí sitúa Federico el principio de su conferencia "Cómo canta una ciudad de noviembre a noviembre", con los puestos de zambombas que anunciaban la Navidad.

7 El Rinconcillo (restaurante Chikito)

Unos pocos metros cuadrados debajo de la escalera que subía al piso superior del café Alameda, en un edificio ya derribado, fue el espacio de la tertulia El Rinconcillo, donde se fraguaron modernas ideas para la ciudad entre 1915 y 1922. En ella participaban los hermanos Lorca, Falla y otros artistas e intelectuales. Hoy el restaurante Chikito ocupa el solar del antiguo café.

8 Huerta de San Vicente

El parque Federico García Lorca acoge la antigua casa de verano de la familia Lorca, salvada gracias al activismo ciudadano, donde Federico escribió sus más importantes obras entre 1926 y 1936. La casa custodia el exclusivo piano de media cola de López & Grifo. El dormitorio de Lorca se mantiene igual, con el cartel de La Barraca colgado sobre el escritorio.

9 Casa de Fuente Vaqueros

Esta casa-museo se localiza en plena Vega granadina, en el pueblo donde nació Federico García Lorca en 1898 y donde pasó sus primeros años jugando con títeres y a dar misas, y descubriendo la música. La vivienda fue adquirida en 1982 por la Diputación de Granada y reconstruida bajo la supervisión de Isabel García Lorca.

10 Fuente de la Teja y río Cubillas

La fuente de la Teja, un manantial diminuto situado en la margen derecha del río Cubillas, fue lugar que inspiró al joven Lorca. "En aquel paraíso", recuerda su hermana Isabel, "entre las alamedas del río se pasaba horas escribiendo". "Mi corazón reposa junto a la fuente fría / llénalo con tus hilos / araña del olvido", escribió el poeta en su poema "Sueño".

11 Casa de Valderrubio

La familia Lorca se trasladó a un inmueble de este cercano pueblo en 1906 y, tras el posterior traslado a Granada, fue su vivienda de verano hasta 1925. Lo que se ve hoy es una reproducción, si bien muy fiel, tanto de la casa original, como de los enseres, incluida la parra del porche. Tiene adosada la vivienda de los guardeses, una especie de museo rural de principios del s. xx.

12 Casa de Bernarda Alba

En esta casa del pueblo de Valderrubio vivieron Frasquita Alba y su familia, en quienes Lorca se inspiró para su obra *La casa de Bernarda Alba*. Gracias al pozo de esta casa, compartido con la vivienda de una tía de Federico, se enteró el poeta de las vicisitudes de los Alba que luego dramatizaría en la obra. Hoy se ha convertido en casa-museo.

13 Fuente de Aynadamar o de las Lágrimas

Localizada en un hermoso paraje, la fuente Grande, de las Lágrimas o Aynadamar, según la terminología árabe, es un manantial con forma de lágrima situado en la parte alta de Alfacar, muy cerca del olivo donde supuestamente asesinaron al poeta. El poema que le dedicó Dámaso Alonso creó un vínculo alegórico entre el manantial y el fusilamiento.

Centro Federico García Lorca.
JOSÉ ALBORNOZ ©

Sugerencias de lugares para comer y comprar en **p. 83**

Explora

Paseo de los Tristes y bajo Albaicín

En un planeta globalizado parece un pequeño milagro que sobreviva un barrio tan lleno de autenticidad como el Albaicín. Un lugar detenido en el tiempo. A sus pies, la carrera del Darro, también conocida como paseo de los Tristes, parece sacada de un grabado decimonónico. Desde allí sube una red de callejuelas empedradas a las que asoma la vegetación y los cipreses por los muros de sus cármenes. El barrio más antiguo de Granada es Patrimonio Mundial de la Unesco, protegido por su característico trazado árabe medieval.

Cómo desplazarse

A pie

El paseo por las callejuelas desde la carrera del Darro/paseo de los Tristes es una maravilla, aunque requiere cierto esfuerzo físico.

Autobús

Las líneas que suben al Albaicín son la C31 y la C34, además de la C32, que une el barrio con la Alhambra. Las líneas N8 y N9 circulan hacia El Fargue y Haza Grande por la carretera de Murcia y permiten acceder a pie a los barrios del Albaicín y el Sacromonte.

Vista de la Alhambra desde el paseo de los Tristes.
TRABANTOS/SHUTTERSTOCK ©

LO MEJOR

ARQUITECTURA NAZARÍ
Casa de Zafra (p. 78)

OCIO
Calles de las Teterías (p. 78)

BAÑOS TRADICIONALES
El Bañuelo (p. 76)

FLAMENCO
Tabanco del Tío Gregorio (p. 71)

CIRCUITO A PIE

Por el bajo Albaicín

Callejear por el bajo Albaicín, subiendo desde la **calle Elvira** o desde el **paseo de los Tristes** depara siempre algo sorprendente, ya sea en una taberna o en un *hamman*, hojeando libros de segunda mano o desayunando en una recóndita plazuela. Y solo hay que levantar la mirada para disfrutar de la Alhambra desde rincones casi secretos.

INICIO	FINAL	DURACIÓN
Puerta de Elvira	Baños árabes andalusíes	1,5 km; 30 min

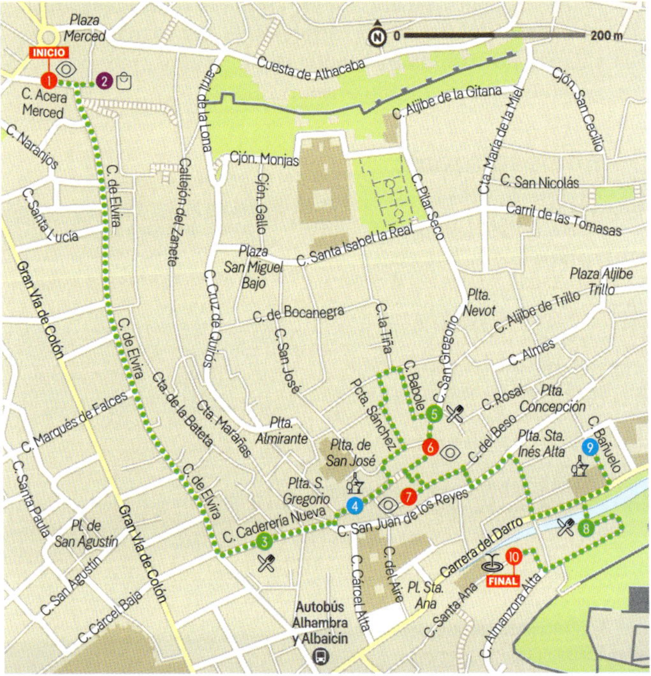

1 Cruzar la puerta de Elvira

Fue el acceso principal a la Granada musulmana y da paso a la larga y bulliciosa calle del mismo nombre desde la que se puede subir al Albaicín por **Calderería Nueva,** la calle de las teterías.

2 Hojear libros en Sostiene Pereira

El título de la famosa novela de Antonio Tabucchi da nombre a esta librería junto a la puerta de Elvira, una cueva de tesoros llena de libros viejos, usados, raros y descatalogados.

3 Delicias árabes en Nujaila

Nada mejor antes de emprender la subida al Albaicín que un delicado y calórico dulce árabe artesano en plena calle de las teterías.

4 Una caña y una tapa en la Taberna el 22

La soleada terraza de una de las tabernas más antiguas de Granada invita a degustar una caña bien tirada.

5 Desayunar en el Café 4 Gatos

Se puede degustar pan del barrio en este local con terraza en una acogedora placita que mira a la **Torre de la Vela.**

6 Flamenco en El Tabanco del Tío Gregorio

Auténtica peña flamenca considerada un referente en el mundillo artístico de la ciudad. Además de flamenco, se escucha *jazz* y *blues* principalmente los fines de semana.

7 La calle del beso

Fue la magia de la creencia popular la que consiguió que se cambiara el nombre de esta calle, antaño del Conde de Cabra, por el de calle del Beso. Y saben bien los besos en este lugar.

8 Comer en La Tabernilla del Darro

Antiguo aljibe en la orilla del río convertido en bar de tapas *gourmet* que presenta una variedad de platos y vinos naturales. Tanto en la terraza como en el interior abovedado se respira un ambiente mágico.

9 Un té con vistas en La Tetería del Bañuelo

Tetería que parece más propia de Chauen que de Granada y que mira en contrapicado a la **fortaleza de la Alhambra**.

10 Relajarse en un 'hammam'

En la otra orilla de la carrera del Darro, en una callejuela bajo la colina de la Alhambra, los baños árabes andalusíes trasladan al visitante contemporáneo a la experiencia del agua, la luz, los aromas, los sonidos y el silencio de unos baños nazaríes.

★ IMPRESCINDIBLE

Paseo de los Tristes

Esta vía que bordea el río a los pies de la Alhambra se llama **carrera del Darro** en su primer tramo, pero todo el mundo la conoce como paseo de los Tristes, porque antaño era el camino al cementerio. Hoy es uno de los paseos más pintorescos de la ciudad, serpenteando entre las colinas de la Alhambra y el Albaicín.

PLANO: P. 74 **F3**

CONSEJO
Hay que ir con cuidado: pese a lo que pueda parecer, la calle no es peatonal.

MÁS ALLÁ
No hay que dejar de cruzar los puentes y callejear por el laberinto de calles al otro lado, bajo la Alhambra.

Paseo romántico

Como si fuese la escenografía de una película histórica, este paseo es uno de los más románticos del mundo. Fue tema favorito de los artistas románticos que visitaron Granada en el s. XIX, y lo retrataron envuelto en trágicas brumas.

Carrera del Darro

A finales del s. XIX, Ángel Ganivet se lamentaba: "¡Granada, ciudad que oculta sus ríos!", pues el Darro entra en su tenebrosa cueva, por la que cruza escondido la urbe, al inicio del paseo de los Tristes. Los romanos llamaron al **río Dauro,** por sus yacimientos auríferos; los musulmanes le cambiaron el nombre a Hadarro y tras la Reconquista llegó su nombre actual, Darro.

Restos ziríes y puentes

Los restos de la **puerta de los Tableros,** del s. XI, en la margen derecha del río Darro, son una de las pocas huellas ziríes que se conservan en la ciudad. De origen bereber, los ziríes llegaron a Al-Ándalus como mercenarios a las órdenes de Almanzor y, en 1013, tras la desintegración del califato, formarían la taifa de Granada. Esta zona comunicaba en época nazarí la Alhambra con el **barrio de Axaris.** Varios puentes cruzan el pequeño caudal, como el **puente de las Chirimías** o el del **Aljibillo.**

ESSEVU/SHUTTERSTOCK ©

Casas señoriales y conventos

Las casas palaciegas y conventos el paseo surgieron de donaciones reales de bienes de la nobleza nazarí. De ahí que muchos edificios fusionen elementos decorativos musulmanes y cristianos.

Carmen de las Chirimías

El antiguo **carmen de las Chirimías,** al otro lado del río, parece una casa de muñecas de principios del s. xx. Fue hotel y luego, hospital. Envuelto en leyendas de espíritus está previsto que sea rehabilitado por el **Patronato de la Alhambra** como centro de atención a los visitantes.

Fuente del Avellano

Cruzando el **puente del Aljibillo** comienza el **camino del Avellano,** que lleva a la célebre fuente. Es una vía de menos de 1 km jalonada de placas con textos de escritores relativos al agua, con vistas idílicas del **Sacromonte.**

MEJOR TEMPRANO...

El amanecer es un momento perfecto para recorrer el paseo.

... O TARDE

Entrada la noche o de madrugada, en medio del silencio y el rumor del río, el lugar es mágico.

A
B
C
D
E
F
1
2
3
4
SACROMONTE
29 Espacio La Estupenda
25
45
24
38
9 Eshavira Club
44
43
47
C. de los Ceniceros
Cuesta de Alhacaba
C. Aljibe de la Gitana
Carril de la Lona
Callejón del Zanete
C. de Elvira
C. Naranjos
C. Santa Lucía
Gran Vía de Colón
C. Santa Paula
Pl. de San Agustín
C. San Agustín
Cárcel Baja
C. Cadereria Nueva
Cta. de la Bateta
Cta. Marañas
C. Cruz de Quirós
Cjón. Monjas
Cjón. Gallo
Plaza San Miguel Bajo
C. Santa Isabel la Real
C. de Bocanegra
C. San José
C. Pilar Seco
C. la Tiña
Plta. Almirante
36 Alminar de San José
19
11
Mirador Grifos de San José
17
14
16
15
18
41
40
39
C. del Beso
C. Cárcel Alta
C. del Aire
Pl. Sta. Ana
1 Real Chancillería
2 Iglesia de San Gil y Santa Ana
C. Santa Ana
C. Almanzora Alta
Carrera del Darro
3 Puerta de los Tableros
Convento de Santa Catalina de Zafra
20
4 El Bañuelo
7 El Tabanco del Tío Gregorio
10
30
Placeta de la Concepción
21
Convento de la Concepción
12 Casa de Zafra
5 El Maristán
C. Bañuelo
6 Museo Arqueológico
26
49
46
C. Zafra
C. Gloria
SAN PEDRO
C. Candil
Paseo de los Tristes
Darro
Paseo de los Tristes
13 Casa morisca Horno de Oro
C. San Juan de los Reyes
28 Glovento Sur
48
Mirador Placeta de Carvajales
C. Babole
C. Aljibe de Trillo
37
Plaza Aljibe Trillo
C. Guinea
23 Carmen de Max Moreau
Cta. María de la Miel
C. San Nicolás
Carril de las Tomasas
Cjón. San Cecilio
C. Panaderos
H. S. Agustín
Plta. del Abad
Plaza del Salvador
Cta. de la Cabras
33
35
34
22 Fundación Carlos Ballesta
8 Peña La Platería
32
42
Carril de San Agustín
Cuesta del Chapiz
C. Montes Claros
27 Casa del Chapiz
Palacio de los Córdova 31
Más información
Imprescindible p. 72
Experiencias p. 75
Comer p. 83
Comprar p. 84

EXPERIENCIAS

Asombrarse ante la fachada de la Real Chancillería MONUMENTO

PLANO: 1 P. 74 C4

Los Reyes Católicos decidieron trasladar la Real Audiencia y Chancillería desde Ciudad Real a Granada en 1505, aunque el magnífico edificio actual que se alza en la plaza Nueva debió de construirse hacia 1530, ya durante el reinado de Carlos I. En la actualidad es la sede del **Tribunal Superior de Justicia de Andalucía (TSJA),** por lo que no está abierto al público, pero se puede echar un vistazo desde la puerta al que está considerado uno de los mejores patios renacentistas de Granada, creado en 1540 por el arquitecto y escultor Diego de Siloé. Nada impide admirar su grandiosa fachada, obra cumbre del manierismo español.

Descubrir la torre más garbosa IGLESIA

PLANO: 2 P. 74 C4

La **iglesia de San Gil y Santa Ana** *(958 225 004; gratis)*, de donde fue bautizada y celebró su boda la heroína local Mariana Pineda, está en la confluencia del Realejo, la plaza Nueva y el Albaicín. Es prototipo del mudéjar granadino y fue edificada sobre el solar de una antigua mezquita. De nave única, con capillas laterales, diseñada por Diego de Siloé, destacan su amplia cabecera –precedida por un arco apuntado– y las nervaduras de su techumbre, aunque destaca más su exterior, cuya portada renacentista luce grutescos y columnas corintias. Lo más hermoso es su torre, antiguo alminar al pie de la Vela, con azulejos y tejas vidriadas, el más bello ejemplo mudéjar de la ciudad "con todo el garbo y la gracia antigua de Granada", según escribiera Lorca.

CALLEJEAR POR EL BAJO ALBAICÍN

La subida al Albaicín es sumamente evocadora. Las laberínticas calles empedradas, flanqueadas por las paredes encaladas de los cármenes, llenos de flores y vegetación, es como un viaje al pasado. Plazoletas, miradores, rincones y cafés salen al paso en cada esquina.

Imaginar el antiguo puente del Cadí ARQUEOLOGÍA

PLANO: 3 P. 74 D4

A la altura del actual número 33 de la carrera del Darro estaba el antiguo puente del Cadí, del s. XI. Solo permanece en pie uno de los dos estribos, que tiene forma de torre hexagonal, así como el arranque de una gran bóveda de herradura. se sabe que en 1501 los Reyes Católicos dictaron una disposición para pavimentar el puente, que pudo formar parte de la antigua **puerta de los Tableros** de la muralla de Granada.

BAJAR LA CUESTA DE MARÍA LA MIEL

Sobre las altas tapias de esta calle trepa el verde de los arbustos. A pie de calle, rejas antiguas, portones de madera o fachadas neoárabes se suceden. Tras su dulce nombre se esconde una historia de desencuentros amorosos y en uno de los cármenes de la parte alta se localizaron los restos del foro romano de la ciudad.

Rememorar la época zirí en el Bañuelo

ARQUEOLOGÍA

PLANO: 4 P. 74 **D3**

El baño del Nogal o *hammam* al-Yawza, más conocido como **Bañuelo** *(alhambra-patronato.es/descubrir/monumentos-andalusies/el-banuelo; 5 €, bono Dobla de Oro, gratis do)*, de menor tamaño que los majestuosos baños de la Alhambra, fue construido con anterioridad a estos, en época zirí. Es el único baño completo que se conserva de los cientos que hubo en la ciudad musulmana. Declarado Monumento Nacional en 1918, es un lugar fascinante, que hay que imaginarse coloreado por las vidrieras colocadas en sus óculos con forma de estrella, por donde se filtra la luz solar. Posee tres salas, precedidas por una casa con un pequeño patio: las salas fría, templada y caliente fueron construidas con elementos reutilizados de épocas romana, visigoda y califal, y en ellas se pueden ver capiteles de avispero dignos de Medina Azahara.

Visitar el primer hospital de Granada

ARQUEOLOGÍA

PLANO: 5 P. 74 **D3**

En la zona más aristocrática de la Granada nazarí, a los pies de la Alhambra, Muhammad V aprovechó este lugar para levantar en 1365 el primer hospital de Granada, el **Maristán** *(alhambra-patronato.es/maristan-de-granada; 5 €, bono Dobla de Oro, gratis do)*. Se trata del único centro asistencial de Al-Ándalus del que se tiene amplia

HUELLAS ZIRÍES, ALMOHADES Y NAZARÍES EN EL ALBAICÍN

La taifa zirí de Granada surgió en el s. XI tras la desaparición del califato omeya de Córdoba. En el Albaicín quedan algunos restos de su esplendor. En la parte alta pueden verse la muralla norte de la alcazaba Cadima y la **puerta de Monaita**; y en la baja destacan el **alminar de San José** (p. 79) y la **acequia de Aynadamar**, aún en uso. De época almohade es el **alminar de San Juan de los Reyes**, además del patio de los naranjos de la que fue mezquita mayor del barrio, hoy **colegiata de El Salvador.** De época nazarí son las monumentales **puertas de Elvira** (p. 71) y **Fajalauza**, y una veintena de aljibes, así como palacios como Dar al-Horra (p. 96) y la casa del Chapiz (p. 80) información. El restaurado edificio alberga una exposición que explica su historia, desde sus orígenes como hospital que atendía distintas dolencias -entre ellas psiquiátricas, con cámaras de aislamiento incluidas- y escuela médica, a ceca tras la reconquista cristiana.

Encontrar un astrolabio en el Museo Arqueológico MUSEO

PLANO: 6 P. 74 **D3**

Íberos, fenicios, griegos, cartagineses, romanos, visigodos, bizantinos, ziríes, nazaríes, cristianos... habitaron y comerciaron en Granada, una tierra de encrucijada. El patrimonio más destacable que ha llegado a nuestros días de tales culturas procede de excavaciones arqueológicas y se expone en este **Museo Arqueológico** *(museosdeandalucia.es/web/museoarqueologicodegranada; gratis)*, uno de los primeros de España, de 1879, a imagen del Museo Arqueológico Nacional. Ubicado en la renacentista **casa de Castril,** este museo de reducidas dimensiones atesora piezas relevantes como un astrolabio de bronce fundido del s. XIV, un paño de azulejería del antiguo hospital de la Tiña, objetos pertenecientes a la cultura de El Argar, que datan del 2000 a.C. o un mosaico romano procedente de la villa de los Mondragones. Se recomienda la visita guiada.

TOCAR LAS PALMAS EN EL ALBAICÍN

El barrio, corazón flamenco de Granada, esconde lugares secretos y tablaos en su laberinto donde disfrutar del cante jondo.

El Tabanco del Tío Gregorio

PLANO: 7 P. 74 **C3**

Peña flamenca auténtica, todo un referente en el mundillo artístico de la ciudad *(eltabanco.com)*. Muchos intérpretes han contribuido a engrandecer este mítico lugar donde, además de flamenco, se escucha *jazz* y *blues* principalmente los fines de semana.

Peña La Platería

PLANO: 8 P. 74 **E2**

Decana de las peñas flamencas granadinas y heredera de la mítica taberna de El Polinario, en la calle Real de la Alhambra, todavía hoy enseña, difunde y salvaguarda todo lo que tiene que ver con el cante, el toque y el baile flamenco *(laplateria.es)*.

Eshavira Club

PLANO: 9 P. 74 **A2**

Otro mítico local de flamenco y de músicas del mundo en el que han actuado leyendas como Enrique Morente, Yehudi Menuhin o Mario Maya *(eshaviraclub.wordpress.com)*. Sede y escuela de músicos y artistas, este local es embajador de la cultura musical de Granada.

LOS MIRADORES SECRETOS DE SOLEÁ MORENTE

La hija mediana de esta familia de cantaores recomienda perderse por la red de miradores del Albaicín: "Son preciosos, históricos y, aunque muchos son conocidos, otros, no", afirma. Recomienda el la **placeta de Carvajales** (PLANO: 10 P. 74 **C3**), y el de la **calle Grifos de San José** (PLANO: 11 P. 74 **C3**).

Interpretar el Albaicín en la casa de Zafra

MUSEO

PLANO: 12 P. 74 **D3**

Esta casa del s. XIV, construida en pleno apogeo del Albaicín nazarí, seguramente perteneció a una aristocrática familia andalusí. Su nombre, **casa de Zafra** *(albaicin-granada.com/casa-de-zafra-centro-de-interpretacion-del-albaicin/; 3 €, gratis do)* se debe a que pasó a pertenecer a Hernando de Zafra, secretario de los Reyes Católicos, quien desempeñó un papel decisivo en las negociaciones para la rendición musulmana. Empotrada entre las dependencias del **convento de Santa Catalina de Zafra,** la casa ha mantenido su esencia árabe en la estructura original y en la alberca del patio, además de en las galerías que sostienen sus techos con capiteles cúbicos, similares a los de la sala del Mexuar de la Alhambra. En la actualidad acoge un centro de interpretación del Albaicín, con paneles interactivos que explican los orígenes del barrio y su evolución hasta hoy. Desde la planta superior hay unas hermosas vistas de la Alhambra.

Entrar en una casa morisca

PATRIMONIO

PLANO: 13 P. 74 **E3**

Pequeña casa nazarí originalmente de una sola planta, que rodea un

MARRAKECH EN GRANADA: LAS CALLES DE LAS TETERÍAS

Dos callecitas del Albaicín desprenden olor a té y lucen un colorido oriental. Sus nombres son **Calderería Nueva** y **Calderería Vieja.** Ambas empedradas y escalonadas, son lo más parecido a un zoco que existe en Andalucía, semejanza acrecentada por las teterías y los restaurantes orientales, tiendas de decoración, ropa y accesorios, panaderías, pastelerías y tiendas de productos ecológicos. Todo ello las dota de un ambiente multicultural y bullicioso. Entre las teterías, dignas de *Las mil y una noches*, destacan **Dar Ziryab** (PLANO: 14 P. 74 **B4**), **Kasbah** (PLANO: 15 P. 74 **B4**), **Nazarí** (PLANO: 16 P. 74 **B4**), y **Ábaco Té** (PLANO: 17 P. 74 **B3**), abiertas desde mediodía hasta la noche. No hay que perderse los dulces andalusíes de **Nujaila** (PLANO: 18 P. 74 **B4**).

patio con alberca, a la que en el s. XVI se le añadió un segundo piso. Algunas de las dependencias de la **casa del Horno de Oro** *(alhambra-patronato.es/descubrir/monumentos-andalusies/casa-horno-de-oro; bono Dobla de Oro, gratis do)* albergan hermosas armaduras mudéjares y en el patio se conserva la arquería nazarí que sostiene la galería porticada de la planta superior. Tras la expulsión de los moriscos la casa fue corral de vecinos hasta el s. XX, cuando fue adquirida por el Estado y restaurada.

Buscar las huellas del califato cordobés en el de San José

ARQUEOLOGÍA

PLANO: 19 P. 74 **B3**

Esta torre es uno de los principales vestigios ziríes que quedan en el Albaicín. Fue edificada en la primera mitad del s. XI y se encuentra separada de la iglesia y el aljibe de San José. La iglesia, de factura mudéjar-renacentista, se levantó sobre la **mezquita de los Ermitaños (al Murabitin),** una de las más antiguas de Granada. Muchos de los edificios en esta zona de dicha época fueron construidos por obreros cordobeses emigrados, de ahí la gran similitud con las tradiciones arquitectónicas del califato de Córdoba, que, por ejemplo, pueden observarse en las ventanas del alminar. Muy cerca se encuentra el precioso alminar almohade de San Juan de los Reyes, del s. XIII, en la calle del mismo nombre.

CONVENTOS GOLOSOS

Convento de Santa Catalina de Zafra

PLANO: 20 P. 74 **D3**

Este convento tiene un interesante museo –muy poco conocido– que conserva piezas importantes de la escuela barroca granadina. Como guinda, las monjas dominicas hacen unos dulces célebres entre los granadinos más golosos.

Convento de la Concepción

PLANO: 21 P. 74 **D3**

Interesante ejemplo de la primera cristianización del barrio, ocupa un complejo edificio que aúna elementos arquitectónicos y decorativos muy diversos: claustro de tradición morisca, fuente nazarí o una portada gótica y otra barroca. Además venden pastas y rosquillas todo el año.

Descubrir la cultura morisca en la Fundación Carlos Ballesta

MUSEO

PLANO: 22 P. 74 **D2**

Dos casas moriscas del s. XV en el **carmen de Aben Humeya,** frente a la Alhambra, acogen esta fundación dedicada a promover la difusión de la historia del reino de Granada en los ss. XVI y XVII, centrándose en especial en la expulsión y diáspora de los moriscos. La colección de la **Fundación Carlos Ballesta** *(fundacioncar* *losballesta.com)* se compone de pintura, escultura, mobiliario, cerámica, joyería, tejidos, documentos y bibliografía, e intenta recuperar y devolver a Granada piezas que en su momento salieron de ella y que, gracias a la búsqueda del médico y bibliófilo Carlos Ballesta, va incorporando a su exposición permanente.

Arte contemporáneo en el carmen de Max Moreau MUSEO

PLANO: 23 P. 74 **C2**

Casa-museo donde vivió el artista belga Max Moreau, quien vivió 30 años en Granada y legó todos sus bienes al Ayuntamiento. El **Museo de Max Moreau** *(958 293 310; gratis)* cuenta con vivienda, patios, huerto y jardín, con tres pequeños bancales que se adaptan al desnivel de la colina frente a la Alhambra.

DESAYUNAR EN EL ALBAICÍN BAJO

Perpectives Café (*c. Elvira, 115;* PLANO: 24 P. 74 **A1**) Toda clase de cafés y bebidas calientes, tostadas, bocatas, además de boles caseros.
Tetería Oriente (*pop-milano.it;* PLANO: 25 P. 74 **A1**) Cerca de la puerta de Elvira, ofrece tostadas que hacen honor a su nombre.
Bar Ras (PLANO: 26 P. 74 **E3**) En plena carrera del Darro, con buen café y tostadas de tomate, jamón y queso.

En su museo hay obras del propio artista, así como de otros. Se puede contemplar la que fue su biblioteca, su estudio con el piano y sus partituras, además de una colección de objetos orientales, huellas de los viajes del artista por medio mundo. Todo ello junto a una plácida alberca, una higuera, rosales y los geranios que dan nombre a este carmen en el corazón del barrio.

Contemplar la Alhambra desde la casa del Chapiz PATRIMONIO

PLANO: 27 P. 74 **F2**

En la esquina de la cuesta del Chapiz con el camino del Sacromonte se ubica esta amplia parcela con dos casas y un amplio jardín, antiguo huerto, que regala bellas vistas de la colina roja desde la **casa del Chapiz** *(958 222 290; 2 €, bono Dobla de Oro, gratis do).* Se trata de un interesante ejemplo de arquitectura popular hispanomusulmana. La casa más meridional se construyó sobre los restos de un pequeño palacio nazarí, del que se conservan la planta y algunos de sus elementos que fueron aprovechados cuando se reedificó, a principios del s. XVI, por el morisco Lorenzo el Chapiz. Los nombres del arquitecto Leopoldo Torres Balbás y del arqueólogo Manuel Gómez-Moreno están ligados a la historia contemporánea de este inmueble, que desde 1932 acoge la **Escuela de Estudios Árabes.**

Casa de Zafra (p. 78).
TRABANTOS/SHUTTERSTOCK ©

La vuelta a Granada en globo

VUELO

PLANO: 28 P. 74 C3

Glovento Sur *(gloventosur.com)* ofrece paseos en globo aerostático por Granada, Guadix, Ronda, Antequera, Arcos de la Frontera y Sevilla. Disfrutar del Albaicín, la Vega, Sierra Nevada, la sierra de la Alfaguara o el más alejado geoparque de Guadix desde el cielo, dejándose llevar por las corrientes de aire, es una experiencia difícil de olvidar. Ofrece salidas en grupo y privadas, estas últimas no precisamente baratas.

Disfrutar del teatro de barrio en La Estupenda

TEATRO

PLANO: 29 P. 74 A1

Pequeña sala teatral y escuela de artes escénicas muy cerca del Albaicín, en el **barrio de San Ildefonso,** con una característica fachada roja en el camino a la Cartuja. **La Estupenda** *(espacio laestupenda.com)* ofrece una programación de fin de semana que incluye improvisación, microteatro, monólogos y noches de cine y magia. Además, ofrece cursos de interpretación, canto, teatro gestual, magia y creación escénica con la filosofía de estar cerca de la gente y de la comunidad universitaria. Todo un centro cultural de barrio.

Mirar la Alhambra en contrapicado

VISTAS

PLANO: 30 P. 74 **D3**

En el Albaicín bajo existen miradores menos conocidos para admirar la Alhambra desde abajo. La vía que une las calles de San Juan de los Reyes y Bañuelo recibe el nombre de **placeta de la Concepción,** y acoge el convento del mismo nombre. Un espacio recogido y tranquilo para admirar los palacios nazaríes con la calma y el silencio que merecen. Desde aquí, los restos del antiguo hospital nazarí del Maristán quedan en primer plano.

Entrar gratis en el palacio de los Córdova

MONUMENTO

PLANO: 31 P. 74 **F2**

Edificio de portada renacentista rodeado de hermosos jardines y huertas con vistas a los palacios nazaríes. Su patio interior tiene elementos góticos y sus artesonados son de estilo mudéjar. Propiedad del Ayuntamiento desde la década de 1980, acoge el **Archivo Municipal** *(958 180 021).*

EL BARRIO DE ENRIQUE MORENTE

El cantaor Enrique Morente nació en el Albaicín bajo, y su memoria forma parte de la esencia del barrio. Un azulejo lo recuerda en el **n° 9 de la cuesta de San Gregorio,** casa hoy convertida en apartamentos turísticos. Morente dedicó su vida tanto a rescatar viejos cantes casi olvidados, como a la vanguardia de este arte. Sin su aportación erudita al flamenco, este no sería hoy considerado Patrimonio Cultural Inmaterial de la Humanidad. Su continua búsqueda de nuevos le hizo colaborar con grupos de *rock* como Lagartija Nick o Sonic Youth. Fallecido en el 2010, Granada aún lo recuerda en muchos rincones de la ciudad -hay grafitis donde se lee: **"Morente vive"**-, en especial en el barrio donde nació y en cuyas tabernas se empapó de flamenco.

SUGERENCIAS

Lo mejor para...

Localizaciones en el plano de la **p. 74**

€ Económico €€ Medio €€€ Alto

Comer

Con vistas a la Alhambra

Mirador de Morayma €€€
32 E2
"No hace calor, se come bien y se vive con tal libertad que pareces el dueño". Las palabras de Fortuny grabadas en un azulejo de este carmen morisco describen el encantador lugar, lleno de miradores, un torreón y una agradable terraza. *miradordemorayma.com; 13.30-23.00 ma-sa*

Mirador de Aixa €€€
33 E2
Terraza y salón frente a la Alhambra especializado en atún rojo: ceviches, tartares y tiraditos conviven en su deliciosa carta. *carmenmiradordeaixa.com; 13.00-15.30 y 19.00-22.30 lu-do*

Las Tomasas €€€
34 E2
Carmen con varios ambientes escalonados, vistas sin parangón, zona interior y exterior para degustar una cocina elaborada y terraza de cócteles en primavera y verano. Con carta de temporada y menú de degustación. *lastomasas.com; 13.30-15.00 y 19.30-23.00 ma-sa*

Carmen de Aben Humeya €€
35 D2
Restaurante panorámico cuyo nombre homenajea al líder de la revuelta morisca de las Alpujarras, situado en un carmen en cuyo jardín luce un pequeño *mihrab*. En su carta, las recetas granadinas se combinan con creativos platos de la gastronomía más actual. *abenhumeya.com; 13.00-15.30 y 20.00-22.30*

El Mirador de Tato €€
36 B3
Terraza-mirador en una esquina del Albaicín, detrás de la iglesia de San José, con vistas a la catedral, la Vega y la puesta de sol, de ambiente tranquilo. *elmiradordetato.com; 13.00-17.00 (inv), 20.00-23.00 (ver) lu-do*

Carmen El Agua €€
37 D2
En el corazón del Albaicín y con vistas de postal, este carmen apuesta por el producto fresco y de temporada, siempre atento a la cercana Vega. *restauranteelagua.es; 13.00-16.00 y 20.00-23.30 lu-do*

Magia en la boca

Yama €€€
38 A2
Cuatro mesas para comer *sushi omakase* de *haute couture*. Bocados artesanales hechos en el momento con el mejor pescado y marisco de la costa granadina. Suele haber meses de espera para conseguir una mesa. *yamasushi.myrestoo.net; 21.00-23.00 ma-vi, 14.00-16.00 y 21.00-23.00 sa*

Paprika €€
39 A4
Restaurante vegano en la calle Elvira que utiliza productos ecológicos, casi todos de la provincia de Granada. Su carta adapta recetas de distin-

tas procedencias al veganismo. *paprika-granada.com; 13.00-16.00 y 20.00-23.30*

Oriente en Granada

Samarkanda €€

40 B4

La comida mediterránea y árabe se funden en la deliciosa combinación libanesa que ofrece este local en el corazón del Albaicín bajo. *958 210 004; 13.30-16.00 y 20.00-23.00 ju-lu, 19.30-23.00 ma*

Fairuz €€

41 B4

Cocinas libanesa y siria en la bulliciosa la calle Elvira. Con una amplia carta de platos, algunos para compartir, así como entrantes y bocados para llevar. *655 440 427; 12.00-23.30 lu-do, hasta las 24.00 vi y sa*

Bocados caseros

El Pozo €

42 F2

Agradable rincón en una calleja del Albaicín ideal para descansar en su patio con una cerveza y una tapa. *651 445 481; 12.00-16.00 y 19.00-22.00*

Bar Lara €

43 B2

Presume de ser el bar más antiguo de la agradable plaza de San Miguel Bajo. En su carta ofrece platos típicos que se pueden disfrutar en su agradable terraza. *958 209 466; 13.00-16.00 y 20.00-23.00*

Bar Ras €€

véase 26 E3

En plena carrera del Darro este acogedor bar a orillas del Darro ofrece tapas y raciones ante las que se sientan turistas y vecinos. *633 693 456; 9.00-16.00 y 19.00-23.00 mi-do*

Bocados orientales

Marchica €

44 A3

Para muchos estudiantes, en este local se come el mejor *shawarma*, kebab y durum de la ciudad. Con sede en dos calles míticas, Elvira y Pedro Antonio de Alarcón, sus bocados se sirven para llevar. *631 748 379; 13.00-23.00 lu-do*

Comprar

Alimentación

Al Sur de Granada

45 A1

El título de otra obra del hispanista británico Gerald Brenan presta el nombre a esta tienda especializada en vinos naturales. Junto a la puerta de Elvira, también llenan sus estantes panes, aceites, cafés, chocolates, productos frescos y de la huerta. *alsurdegranada.net; 10.00-20.30*

Monasterio de San Bernardo

46 E3

El torno de este monasterio cisterciense, en plena carrera del Darro, surte de dulces sabores, fruto del trabajo artesanal de sus monjas. Con mayor producción en Navidad y Semana Santa, todos sus productos saben a gloria. *monasteriosanbernardodegranada.com; 9.00-21.00*

Restaurante Carmen El Agua (p. 83).

RESTAURANTE CARMEN EL AGUA ©

La Talega

47 B2

Vinos, cervezas artesanales, embutidos y quesos, además de pan, chocolate, legumbres a granel, frutas y verduras km 0 en esta tienda de filosofía lenta. *858 951 412; 10.00-14.30 y 17.30-20.30 lu-vi, 10.30-14.30 sa*

Col & flower

48 C3

"Piensa global, consume local" es el lema del italiano y la chilena que gestionan y atienden esta ecotienda llena de productos artesanales y saludables. *858 709 220; 10.00-20.00 lu-sa, 10.00-15.00 do*

Abalorios

Platónica

49 E3

Marca de joyería artesanal granadina que crea piezas contemporáneas de autor en las que se fusionan diferentes estilos. Tienen primorosas colecciones dedicadas a la Alhambra o al arte andalusí. *platonicajoyeria.com; 11.00-14.00 y 17.00-20.00 lu-sa, 11.00-14.00 do*

CIRCUITO A PIE

Callejeando por el laberinto blanco

En el Albaicín todo parece secreto; una colina convertida en un barrio de infinitas tapias blancas. Con un pasado de estratos íberos, romanos, ziríes, almohades, almorávides, nazaríes y cristianos, en su subsuelo también fluye el agua, tal y como recuerdan su veintena de aljibes y sus tres *hammans*.

INICIO	FINAL	DURACIÓN
Placeta de Nevot	Vereda de Enmedio	2 km

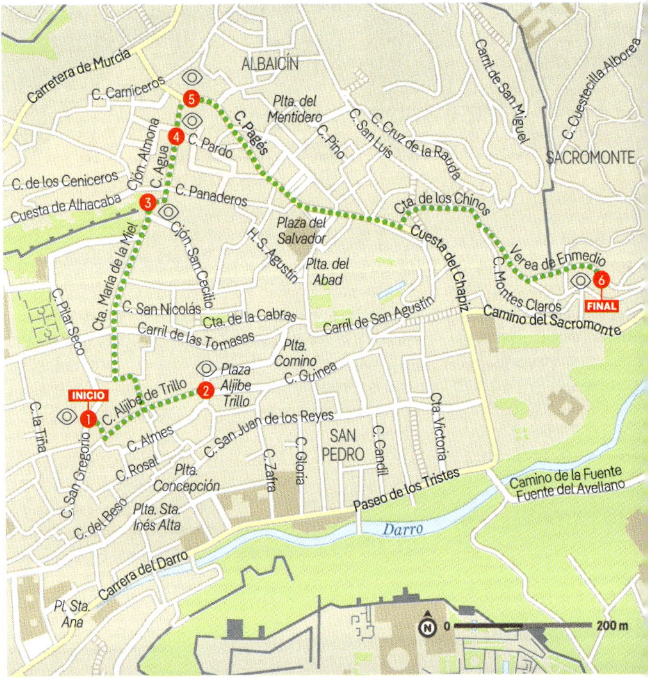

1 Placeta de Nevot

Subiendo por la cuesta de San Gregorio, esta plaza ofrece una buena panorámica de la Alcazaba de la Alhambra y de la torre de la Vela. El precioso carmen de La Media Luna ofrece una composición casi pictórica con su arquitectura neoárabe.

2 Aljibe del Trillo

La ruta del agua pasa por los 26 aljibes del barrio, en su mayoría de época islámica, mantenidos hasta hoy gracias a su uso continuado. Estos depósitos de agua abastecían a la población y tenían la función religiosa de ser lugar de abluciones asociados a las mezquitas. Este aljibe en concreto posee restos de azulejos del s. XVIII.

3 Puerta de las Pesas

La que pudo ser una de las primeras puertas en recodo de la arquitectura hispanomusulmana se localiza junto a la bulliciosa plaza Larga. Daba acceso desde la muralla que cercaba la alcazaba Qadima y debe su nombre a que en ella se almacenaban las pesas confiscadas por defectuosas.

4 Calle del Agua

Por esta calle transcurría la acequia de Aynadamar, el canal de agua más antiguo que abastecía el barrio. El agua procedía de muchos kilómetros más arriba, de la fuente de las Lágrimas, y la zona estuvo llena de *hammans*.

5 Carmen de los Mascarones

Este carmen secreto fue habitado en el s. XVII por Pedro Soto de Rojas, poeta elogiado por Miguel de Cervantes y Lope de Vega. El nombre de la casa se debe a los relieves de piedra de su fachada.

6 Vereda de Enmedio

Esta vereda empedrada, que conecta el Albaicín con el Sacromonte, es un maravilloso paseo lleno de miradores desde los que contemplar la Alhambra, además de las cuevas del famoso barrio gitano en el cerro de Valparaíso y del propio Albaicín.

Sugerencias de lugares para comer, beber y comprar en **p. 104**

Explora Alto Albaicín y Sacromonte

Solo el tañido de las campanas y el trino de los pájaros rompen el silencio de las callejuelas de la parte alta del Albaicín, un lugar que parece fuera del mundo. La soledad de sus rincones convive con el gentío en los miradores y las animadas terrazas. Aquí se comprende la fascinación por este juego de cal y cielo donde emerge una intensa vida vecinal. Por la maravillosa vereda de Enmedio, que conecta el Albaicín y el Sacromonte, se llega al mítico barrio de los gitanos. Los últimos habitantes de sus cuevas se marcharon hace décadas, pero entre chumberas y pitas, el flamenco aún pervive en el monte sagrado.

Cómo desplazarse

A pie y en taxi

El Albaicín y el Sacromonte son barrios principalmente peatonales. Solo los vehículos autorizados pueden acceder, entre ellos los taxis.

Autobús

Las líneas que suben al Albaicín y el Sacromonte son las C31 y C34, y las N8 y N9, que circulan hacia El Fargue y Haza Grande/cármenes de San Miguel por la carretera de Murcia, desde la que es fácil acceder a pie a ambos barrios. También está la línea C32, que conecta la Alhambra con el Albaicín.

Vista del barrio del Albaicín desde la Alhambra.

BILAL KOCABAS/SHUTTERSTOCK ©

LO MEJOR

PALACIO NAZARÍ
Dar al-Horra (p. 96)

DELICIAS DULCES
Casa Pasteles (p. 102)

FLAMENCO
Venta El Gallo (p. 103)

HISTORIA
Abadía del Sacromonte (p. 102)

CIRCUITO A PIE

De cañas y tapas por el alto Albaicín

Callejear por la parte alta del barrio blanco significa perderse en un laberinto y dejarse sorprender con la vida que sale al paso. Solo hay que dejarse llevar, pasear con calma, saboreando el lugar, parando en los bares más auténticos y en sus agradables terrazas. Una experiencia llena de autenticidad.

INICIO	FINAL	DURACIÓN
Casa Torcuato	La Entraíya	2 h

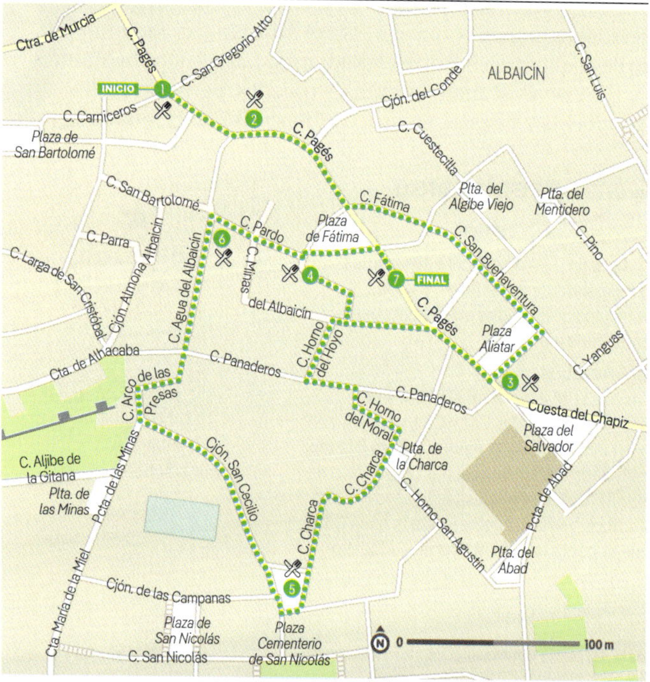

1 Casa Torcuato

Desde 1932 existe este restaurante con terraza en una soleada plazuela, uno de los lugares míticos de Granada, siempre animado. Entre sus parroquianos habituales se cuentan estrellas del *rock* de la ciudad. En la autenticidad de sus platos y en el servicio se nota el lema de la casa: "El dinero se olvida, la calidad no".

2 Los Mascarones

En la esquina con un callejón que acaba en el que fue carmen del **poeta Pedro Soto de Rojas** se sitúa este bar, un lugar siempre ambientado y muy genuino, al que da nombre las caras de piedra de la fachada de la casona. Un sitio idóneo para tomar unas cervezas con la especialidad de la casa: migas con sardinas y melón. Muy recomendables.

3 Comer en Los Caracoles

Bar con soleada y célebre terraza famoso por los caracoles en salsa picante que le dan nombre. También se especializa en choto estilo campero, pimientos asados, chorizo al fuego y pescado.

4 El Higo

Local con encanto tanto por su patio a la sombra de una parra y su comida, como por ser centro cultural. Programa cine, poesía, cuentacuentos y conciertos. Su cocina, sencilla y natural, combina a la perfección con su relajado ambiente.

5 Kiki

Local con una estupenda carta de vinos, perfecto para tomar las tapas y raciones que se lista en una pizarra. Suelen ofrecer todo tipo de delicias de atún, ortiguillas o pollo mozárabe. Se ubica junto al **mirador de San Nicolás,** por lo que su estupenda terraza suele estar a tope.

6 El Picoteo

Perteneciente a Casa Torcuato y situado en pleno corazón del barrio, ofrece tapas con un toque novedoso sin perder la esencia de la ilustre casa. Los nombres de algunas de sus tapas parecen un haiku: "huevos del rey Midas", "bacalao persa", "falso *brownie* de rabo" o "atardecer de San Nicolás".

7 La Entraíya

Variada carta de carnes, pescados, huevos, platos combinados muy granadinos y especialidades de rape. Su barra es un buen lugar para picotear.

★ IMPRESCINDIBLE

Mirador de San Miguel Alto y vereda de Enmedio

Alcanzar el **punto más alto del Albaicín** y llegar al Sacromonte es casi una ruta senderista. Caminar por veredas abiertas entre un paisaje de alto voltaje patrimonial es también una experiencia en la que se diluyen las fronteras entre lo urbano y la naturaleza. Un esfuerzo que tiene como recompensa las vistas más hermosas de Granada.

PLANO: P. 95 **F3 y F5**

CONSEJOS
Hay que llevar calzado adecuado e incluso bastones de senderista para facilitar la subida. Y no olvidar el agua ni la protección solar. Se aconseja tomarse las cosas con calma, olvidarse del reloj y disfrutar del momento.

Cerro del Aceituno

El **cerro de San Miguel** (974 m) era conocido como del Aceituno por un olivo seco que, según la leyenda, retoñaba todas las noches, florecía al amanecer, verdeaba con el sol y fructificaba por la tarde. Sus aceitunas, al parecer, eran recogidas por doncellas y viudas, ya que poseían propiedades curativas y milagrosas.

Granada desde las nubes

La subida al cerro, entre pitas y chumberas, tiene la recompensa de unas vistas de primera. La panorámica de la ciudad, del Albaicín, la Alhambra, el Generalife y la Silla del Moro, Sierra Nevada y la Vega, así como del Sacromonte y del ancho cielo, es incomparable desde la ermita que marca el punto más alto del barrio.

Muralla nazarí y arte contemporáneo

En el camino que bordea la antigua muralla nazarí se emplaza la intervención contemporánea realizada por el arquitecto **Antonio Jiménez Torrecillas** para cerrar la brecha que, desde el s. XIX, abría la muralla, del s. XIV, un apósito que los granadinos conocen como "la tirita" (p. 137).

ESSEVU/SHUTTERSTOCK ©

El patrón gay de Granada

La **ermita de San Miguel Alto** tiene poco interés, salvo por la imagen que guarda del arcángel que le da nombre, el "patrón gay de Granada", según el hispanista **Ian Gibson,** por el romance que **Federico García Lorca** le dedicó: "San Miguel lleno de encajes en la alcoba de su torre/ enseña sus bellos muslos, /ceñidos por los faroles". Una pomposa y delicada escultura que será difícil ver, pues la ermita está cerrada casi todo el año.

Vereda de Enmedio

Desde San Miguel Alto se llega a la vereda de En medio, cruzando el Sacromonte por la **cuestecilla Alborea** o bajando la **calle de San Luis.** La **vereda** es un maravilloso paseo empedrado con vistas a la Alhambra y a las cuevas que plagan el **cerro de Valparaíso.** Los atardecer en el Albaicín deparan magníficas puestas de sol.

SAN MIGUEL

El último domingo de septiembre, una réplica de san Miguel recorre el Albaicín hasta la ermita de San Miguel Alto, en una romería festiva con música y la oportunidad de ver al arcángel favorito de Lorca.

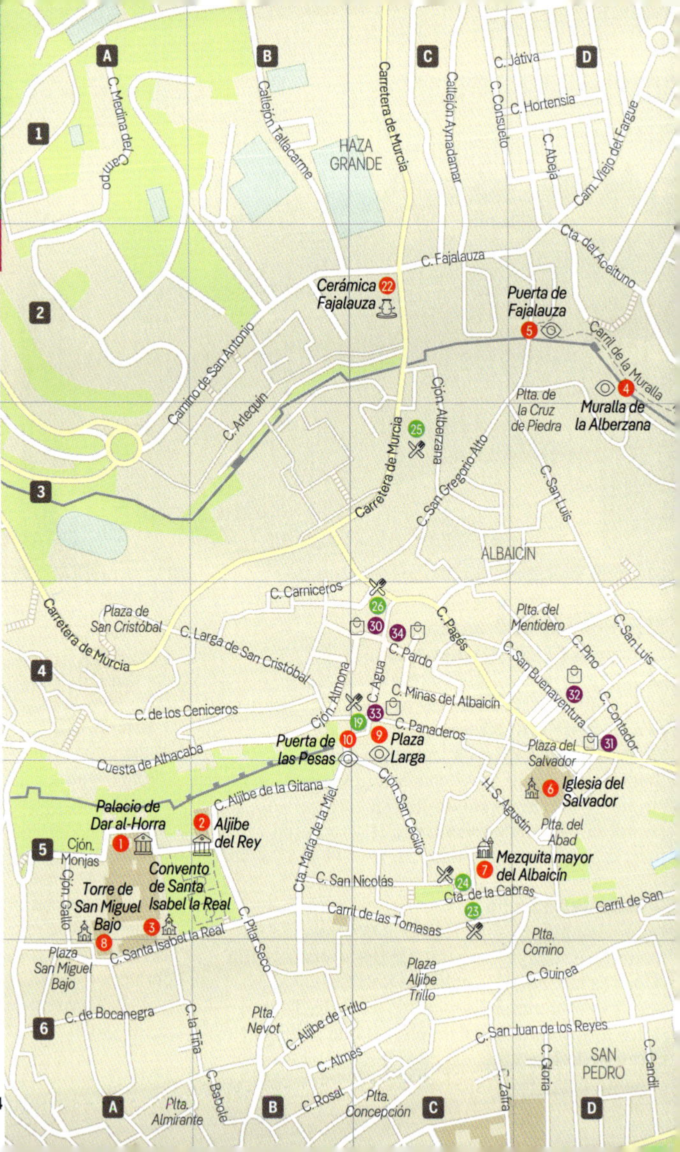
A
B
C
D
1
2
3
4
5
6
C. Medina del Campo
Callejón Tallacarne
HAZA GRANDE
Carretera de Murcia
Callejón Aynadamar
C. Játiva
C. Consuelo
C. Hortensia
C. Abeja
Cam. Viejo del Fargue
Cta. del Aceituno
C. Fajalauza
Cerámica Fajalauza 22
Puerta de Fajalauza 5
Carril de la Muralla
Muralla de la Alberzana 4
Plta. de la Cruz de Piedra
Camino de San Antonio
C. Arlequín
Cjón. Alberzana
25
C. San Gregorio Alto
C. San Luis
ALBAICÍN
C. Carniceros
26
30
34
C. Pagés
Plta. del Mentidero
C. Pino
C. San Luis
Plaza de San Cristóbal
Carretera de Murcia
C. Larga de San Cristóbal
C. Pardo
C. San Buenaventura
32
C. Contador
C. Agua
C. Minas del Albaicín
Cjón. Almona
33
19
C. de los Ceniceros
C. Panaderos
Plaza del Salvador
31
Puerta de las Pesas 10
9 Plaza Larga
Cuesta de Alhacaba
Iglesia del Salvador 6
C. Aljibe de la Gitana
Cjón. San Cecilio
H. S. Agustín
Plta. del Abad
Palacio de Dar al-Horra 1
2 Aljibe del Rey
Cjón. Monjas
Cta. María de la Miel
Mezquita mayor del Albaicín 7
Convento de Santa Isabel la Real 3
Torre de San Miguel Bajo 8
Cjón. Gallo
C. San Nicolás
24
Cta. de la Cabras
23
Carril de San
C. Pilar Seco
Carril de las Tomasas
C. Santa Isabel la Real
Plaza San Miguel Bajo
Plta. Comino
Plaza Aljibe Trillo
C. Guinea
C. de Bocanegra
C. la Tiña
Plta. Nevot
C. Aljibe de Trillo
C. San Juan de los Reyes
C. Almes
C. Gloria
SAN PEDRO
C. Candil
C. Zafra
C. Babole
C. Rosal
Plta. Concepción
Plta. Almirante

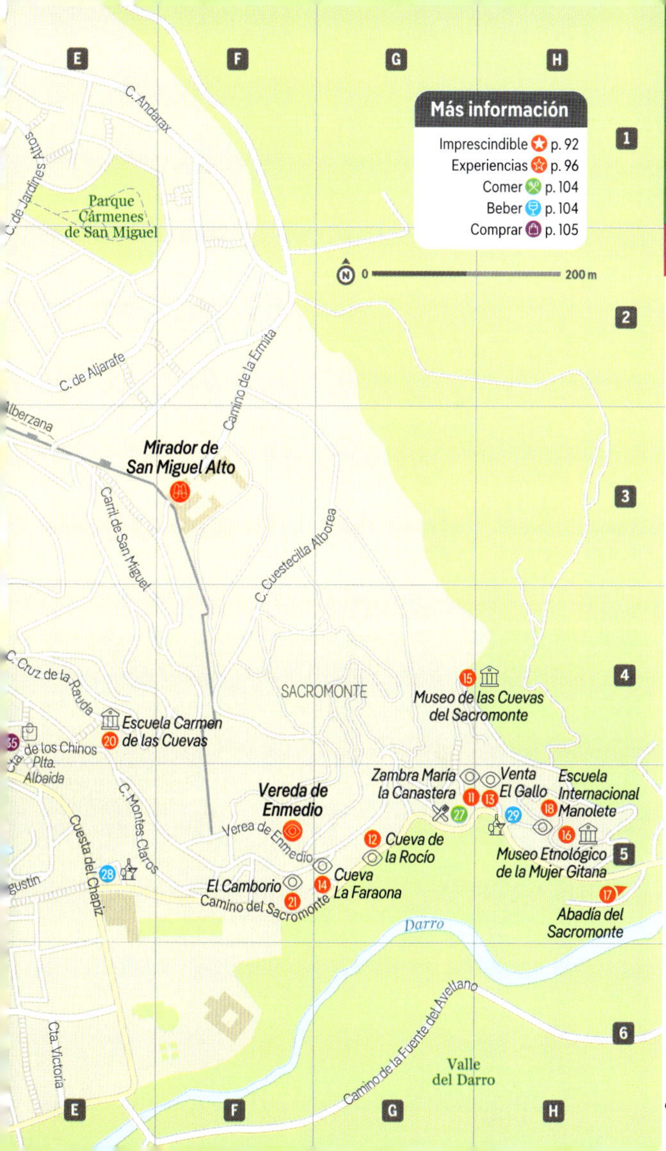
Más información
Imprescindible p. 92
Experiencias p. 96
Comer p. 104
Beber p. 104
Comprar p. 105
0 200 m
E
F
G
H
1
2
3
4
5
6
C. Andarax
C. de Jardines Altos
Parque Cármenes de San Miguel
C. de Aljarafe
Alberzana
Camino de la Ermita
Mirador de San Miguel Alto
Carril de San Miguel
C. Cuestecilla Alborea
C. Cruz de la Rauda
SACROMONTE
Museo de las Cuevas del Sacromonte
15
Escuela Carmen de las Cuevas
20
de los Chinos
Cta.
Plta. Albaida
C. Montes Claros
Cuesta del Chapiz
28
Vereda de Enmedio
Verea de Enmedio
El Camborio
21
Camino del Sacromonte
Cueva La Faraona
14
Cueva de la Rocío
12
Zambra María la Canastera
11
27
Venta El Gallo
13
29
Escuela Internacional Manolete
18
16
Museo Etnológico de la Mujer Gitana
17
Abadía del Sacromonte
Darro
Camino de la Fuente del Avellano
Valle del Darro
Cta. Victoria
gustín

EXPERIENCIAS

Mirar la Alhambra desde el palacio Dar al-Horra MONUMENTO

PLANO: 1 P. 94 **A5**

Construido en el s. XV sobre los restos de un palacio zirí, el rey Muhammed X lo regaló a su hija **Aixa,** futura esposa del rey Muley Hacén. Cuando este, padre de Boabdil, la repudió para casarse con su esclava cristiana Isabel de Solís –islamizada bajo el nombre de Soraya–, Aixa dejó los palacios de la Alhambra para mudarse a vivir a este lugar. El **palacio Dar al-Horra** *(671 563 553; 5 €, bono Dobla de Oro, gratis do)* tiene unas privilegiadas vistas de la Alhambra, por lo que se convirtió en punto de vigilancia y control de la corte. Una vez que los Reyes Católicos conquistaron la ciudad, el palacio, cuyo nombre significa "casa de la Honesta", fue entregado a Hernando de Zafra, y posteriormente se integró en el monasterio de Santa Isabel la Real, hasta que lo adquirió el Estado en el s. XX. En la actualidad cuenta con un pequeño huerto por donde discurría una acequia de la que aún se conservan restos de su encauzamiento.

Bajar al aljibe del Rey PATRIMONIO

PLANO: 2 P. 94 **B5**

El mayor de los aljibes de Granada data del s. XI y sus cuatro naves permitían almacenar 300 m³ de agua. El **aljibe del Rey** *(albaicin-granada.com/carmen-aljibe-rey/; visita guiada gratis lu-vi 12.00),*

Vistas desde el palacio Dar al-Horra.

fue construido por el tercer monarca, Badís Ben Habús, para garantizar el abastecimiento en esta zona alta de la capital de la taifa de Granada. El agua llegaba a través de un ramal de la famosa **acequia de Aynadamar,** que brota de la fuente de las Lágrimas, en Alfacar, y se utilizaba para regar tanto las huertas aledañas como las de Víznar, antes de llegar al Albaicín. Merece la pena bajar por sus estrechas escaleras para disfrutar del silencio y ver cómo se filtra la luz en el lugar. La visita guiada incluye un paseo por el **carmen del Agua,** donde se encuentra el aljibe, un remanso de paz y vegetación en el que se ha instalado el Centro de Interpretación del Agua.

Visitar el convento de Santa Isabel la Real

MONUMENTO

PLANO: 3 P. 94 **A5**

En lo alto del Albaicín, como una lámpara que ilumina la ciudad, el **monasterio de Santa Isabel la Real** *(staisabellareal.es; donativo 6 €)* fue fundado en 1504 por Isabel la Católica. Su traza actual se remonta a finales del s. XVI, cuando fue ampliado anexando parte del **palacio de Dar al-Horra** (p. *96*). De esa época datan la pila de agua bendita, taza de una anterior fuente islámica, o la cubierta de la nave de la iglesia, una armadura de lazos decorada con pinturas platerescas considerada una de las más bellas del arte mudéjar. Su monumental **claustro** se puede conocer en las visitas guiadas que se ofrecen previa reserva. Uno será recibido con un "Ave María Purísima" por una de las hermanas clarisas que aún habitan aquí. Estas monjas, pertenecientes a la misma orden que fundó el recinto, han mantenido su presencia ininterrumpida en él durante cinco siglos. Gracias a ello, el convento conserva la que probablemente sea la colección más importante de arte mobiliario monástico de Granada.

PROCESIÓN DEL CRISTO DE LOS GITANOS

En la religiosidad popular andaluza el papel de las imágenes es muy poderoso. El Cristo de los Gitanos protagoniza una de las procesiones más espectaculares de Granada. Procesiona por las calles de la ciudad cada Miércoles Santo y su paso por el paseo de los Tristes, bajo una Alhambra iluminada, es especialmente impactante. Durante todo el recorrido acompañan la procesión vecinos del **Sacromonte** cantando y bailando en un ambiente festivo. Ver la comitiva a su paso por el monte sagrado, rodeada de velas y hogueras, hasta que se recoge en la **abadía del Sacromonte,** ya casi al amanecer del Jueves Santo, es espectacular. Se trata de una experiencia estética más allá de las creencias y el sentir religioso de cada uno.

Seguir la pista nazarí de la muralla de la Alberzana

ARQUEOLOGÍA

PLANO: 4 P. 94 **D2**

Se conoce con este nombre al lienzo norte de la **muralla nazarí del Albaicín,** construida en el s. XIV extramuros de la **alcazaba Qadima** y junto a la **puerta de las Pesas.** Sus muros tienen un alto significado histórico en la evolución de la Granada islámica y ofrecen una fuerte impronta visual sobre el paisaje que domina el barrio histórico. Su fábrica cerraba una ladera con casas-cueva que quedó casi despoblada tras la dispersión de los moriscos en el último tercio del s. XVI. El acceso se realiza desde la carretera de Murcia, a la altura de la fábrica de cerámica de Fajalauza. Cuenta con un agradable paseo ajardinado que discurre a los pies de los restos de esta muralla de gran porte, construida con tapial. Conserva uno de los accesos de época nazarí, la **puerta de San Lorenzo.**

Cruzar el arco de Fajalauza

MONUMENTO

PLANO: 5 P. 94 **D2**

La que fuera puerta del camino hacia Guadix era uno de los diez accesos con los que contaba la capital del reino nazarí. Además de controlar el acceso a la ciudad, las puertas desempeñaban funciones fiscales, ya que en ellas se cobraban los impuestos de las mercancías que entraban o salían. La **puerta de Fajalauza**, rematada con almenas, consta de un largo pasadizo cubierto bajo una bóveda de medio cañón, que es la original con leves modificaciones posteriores. Daba a un barrio exterior, el de los **alfareros.**

Buscar la mezquita mayor en la iglesia del Salvador

ARQUEOLOGÍA

PLANO: 6 P. 94 **D5**

Este templo de estilo mudéjar fue edificado sobre la antigua mezquita mayor de Granada, situada en el Albaicín y construida en el s. XIII por musulmanes expulsados de Baeza. Considerada una de las más bellas del mundo islámico, se con-

EL BARRIO DE AGUA: LA RED DE ALJIBES DE AYNADAMAR

La historia de Granada no puede deslindarse de sus acequias y manantiales, aljibes y pilares, elementos que conformaron la esencia del Albaicín. Estos depósitos de agua tenían una doble función: abastecer a la población y a las fuentes de las mezquitas donde se realizaban las abluciones purificadoras que dicta el islam. En el Albaicín se puede hacer una ruta por los 26 aljibes que quedan en el barrio, como el del **Peso de la Harina** o el de **las Tomasas.** Por su parte, la **Fundación AguaGranada** *(fundacionaguagranada.es)* suele organizar en otoño rutas para dar a conocer las singularidades de estos espacios, así como la fuente del agua de Granada, la **acequia de Aynadamar.**

virtió en colegiata en época cristiana y en su museo guarda obras de Alonso Cano, Pedro Atanasio Bocanegra, Juan de Sevilla y una Virgen con el Niño de Diego de Siloé, tallada en 1563 y que se situaba en el hueco de la puerta de la plaza del Salvador. Adosado a la iglesia se conserva el **patio almohade de la antigua mezquita mayor,** que posee galerías porticadas en tres de sus lados, con arcos de herradura apuntados sustentados por pilares de ladrillo, y un gran aljibe en el centro utilizado para las abluciones. Es difícil encontrar abierta la iglesia fuera del horario de misas, pero se puede llamar para concertar una visita *(958 278 644)*.

Visitar una mezquita en el Albaicín

TEMPLO

PLANO: 7 P. 94 C5

Muy cerca de la iglesia y el mirador de San Nicolás se encuentra la **mezquita mayor del Albaicín** *(mezquitadegranada.com)*, que abrió sus puertas en el 2003 para el culto de la comunidad musulmana. Se trata de la primera mezquita que abre sus puertas en Granada tras la reconquista cristiana en 1492. Contrariamente a lo habitual, está abierta a los no musulmanes.

Subir a la torre de San Miguel Bajo

TEMPLO

PLANO: 8 P. 94 A6

Las formidables vistas desde el Albaicín no son solo patrimonio de los miradores. Desde lo alto de esta

Mezquita mayor del Albaicín.

blanca torre se obtienen vistas del Albaicín y la Alhambra de 360º. La **torre de la Aurora y San Miguel Bajo** es un modelo intermedio entre las primeras atalayas mudéjares granadinas, a imitación de los alminares preexistentes, y las torres decoradas con azulejería de mediados del s. XVI. Hay que alcanzar sus 32 m de altura por una estrecha escalera, pero el esfuerzo merece la pena. Hay que dejar un donativo para la Hermandad de la Aurora, que procesiona cada Jueves Santo desde la iglesia anexa.

Mezclarse con el paisanaje de la plaza Larga

URBANISMO

PLANO: 9 P. 94 C4

Esta plaza es la más famosa del Albaicín. Se puede llegar desde arriba, cruzando el **arco de las Pesas** a esta suerte de corazón del barrio. Llena de bares y comercios, en la **plaza Larga** se congrega un original paisanaje digno de protección al estar en peligro de extinción. En este lugar se encuentra la famosa **cafetería del Pasteles,** la pequeña **Administración de Lotería de Bernabé** –padre de la bailaora Patricia Guerrero– y el **Aixa,** su bar más célebre. El origen de este lugar se remonta al s. XIV. Más tarde, la leyenda cuenta que los moriscos se rebelaron en este lugar después de que unos alguaciles cristianos detuvieran a una chica mora acusada de un crimen que no había cometido. Tras la dispersión de los moriscos en 1571, fue ampliada, adoptando la forma actual.

Cruzar la puerta de las Pesas

PATRIMONIO

PLANO: 10 P. 94 D5

La **puerta de las Pesas** es una de las más antiguas de la ciudad y ha tenido distintos usos a lo largo del tiempo. Se trata de uno de los accesos con pasadizo en recodo que formó parte de la muralla que

EL SACROMONTE Y LA ZAMBRA

El Sacromonte es el gran barrio flamenco de la ciudad. Hasta él llegan al atardecer decenas de buses con turistas para asistir a un espectáculo flamenco. En el barrio no hay tablaos al uso, hay cuevas, donde tradicionalmente tenían lugar las zambras. Con este nombre de origen árabe se designaba tradicionalmente las fiestas de los gitanos del barrio, de lo que derivó un cante o palo flamenco de igual nombre. Las zambras que se ofrecen hoy son recreaciones turísticas, aunque en algunos casos se recrea el espacio tradicional en el que los artistas se sitúan en el centro de un corro de espectadores, sin escenario. Alguno de los lugares más recomendables para escuchar flamenco son la **Zambra María la Canastera** (PLANO: 11 P. 94 G5), la **Cueva de la Rocío** (PLANO: 12 P. 94 G5), la **Venta el Gallo** (PLANO: 13 P. 94 H5) o la **Cueva La Faraona,** (PLANO: 14 P. 94 G5), conocida también por sus tertulias flamencas.

cercaba la **alcazaba Qadima.** Estaba cubierta por una cúpula de piedra de la Malaha, y llegó a albergar una pequeña ermita en su interior dedicada a san Cecilio. Su nombre se debe a que en ella se colgaban las pesas decomisadas a los comerciantes que cometían fraude con el peso. Aún hoy se pueden ver algunas colgadas de su fachada.

Comprender la vida del Sacromonte en un museo lleno de cuevas MUSEO

PLANO: 15 P. 94 **G4**

"Gitana si me quisieras, yo te compraría en Granada la mejor cueva que hubiera", dice una coplilla popular que rescató el grupo Los Planetas en su canción "Espíritu olímpico". En este **Museo de las Cuevas del Sacromonte** *(sacromontegranada.com; 5 €),* situado en el **barranco de los Negros,** diez cuevas de un alto valor patrimonial explican cómo fue la vida aquí en tiempos pasados: las viviendas, los oficios o el flamenco, entre otras cuestiones. Es un museo etnográfico y medioambiental en régimen de cooperativa que recrea la historia, los usos y costumbres del lugar, así como el entorno y el paisaje, la fauna y la flora. Asimismo, organizan actividades culturales como conciertos y cine al aire libre en verano.

Entender a la mujer gitana MUSEO

PLANO: 16 P. 94 **H5**

El objetivo del **Museo Etnológico de la Mujer Gitana** *(958 161 278; gratis)* dedicado a la mujer gitana es dar a conocer, difundir y salvaguardar la cultura romaní a lo largo de los siglos. Su exposición permanente presenta la aportación de las mujeres calés a la historia de su pueblo. Para ello, se centra en temas como el esoterismo, el arte, la literatura, la música, la medicina tradicional y las figuras femeninas de mayor renombre. Se ubica en el **complejo municipal de la Chumbera,** y ofrece la oportunidad de conocer la historia del pueblo gitano, que lleva viviendo en Granada desde hace 500 años.

EL MONTE SAGRADO DE LOS GITANOS

Una estatua de **Chorrojumo,** el último 'rey' de los gitanos granadinos, da la bienvenida al visitante a la "ciudad de los gitanos" en el camino del Sacromonte, si se accede por la cuesta del Chapiz. Famoso por sus cuevas y chumberas, el Sacromonte se ubica en la ladera sur, frente a la Alhambra. El lugar es ya solo una sombra de lo que fue hasta la década de 1960, cuando la última colonia gitana fue desalojada de las insalubres cuevas tras unas fuertes inundaciones. Con todo, el barrio continúa siendo lugar de peregrinación y conserva su estela romántica y su lugar en los anales del cante flamenco. Es una maravilla acceder a él a pie disfrutando de las vistas por la **vereda de Enmedio** (p. 92).

Buscar los libros plúmbeos en la abadía del Sacromonte PATRIMONIO

PLANO: 17 P. 94 **H5**

En época musulmana, el lugar donde se alza la abadía que vigila la ciudad desde las alturas, era conocido como **Valparaíso.** El cambio de nombre a Sacromonte se explica por la aparición de los llamados libros plúmbeos, uno de los grandes misterios de esta **abadía del Sacromonte** *(abadia sacromonte.org; 6 €).* Se trata de una serie de placas de plomo redactadas en árabe que narran el martirio por proselitismo de varios cristianos en tiempos de Nerón, entre ellos, Cecilio, patrón de Granada, al que hoy se recuerda en una romería. Ya el papa Inocencio XI desmintió que fueran auténticos tras el gran revuelo que provocó su supuesto descubrimiento. Hoy se muestran en la visita guiada a una abadía que a lo largo de los siglos ha acumulado un rico patrimonio artístico, bibliográfico y archivístico.

Taconear en la Escuela Internacional Manolete ESCUELA

PLANO: 18 P. 94 **H5**

Manuel Santiago Maya "Manolete" y su hija Judea Maya fundaron y dirigen esta escuela flamenca en las instalaciones municipales del **auditorio de la Chumbera,** en pleno Sacromonte, con unas vistas espléndidas. Dan clases de danza flamenca en todos sus niveles, además de contar con una amplia oferta de cursos especiales, clases magistrales y cursos de verano a cargo de los profesionales más destacados del mundo del flamenco. La **Escuela Internacional Manolete** *(600 588 564)* ofrece también cursos de danza clásica, de iniciación y perfeccionamiento, y otras disciplinas entre las que destacan técnica y compás, cante, percusión y guitarra.

CASA PASTELES: EL PATRIMONIO MÁS GOLOSO

Esta institución de Granada en plena plaza Larga, en el corazón del Albaicín. Posee una fachada neomudéjar que se asoma al **arco de las Pesas,** tras la que aguardan delicias desde 1928. Entre sus dulces de Navidad destacan los **caprichos albaicineros,** un dulce con higo, almendra, licor y pasas envuelto en chocolate, cuya fama ha traspasado fronteras. Las materias primas que se utilizan en **Casa Pasteles** (PLANO: 19 P. 94 **C4**) son de tradición árabe y, dulces navideños aparte, fueron pioneros en el helado artesano y elaboran una famosísima leche merengada, cuya receta es obra de la hija de los fundadores, la familia Vílchez-Fernández. A sus **alfajores y roscos de anís** se unen los sabores más actuales.

Aprender flamenco en el Carmen de las Cuevas — ESCUELA

PLANO: 20 P. 94 **E4**

Acreditada por el Instituto Cervantes y situado entre los barrios del Albaicín y el Sacromonte, la escuela de flamenco **Carmen de las Cuevas** *(carmencuevas.com)* combina desde hace más de 35 años experiencia, calidad y pasión por la enseñanza. Ofrecen cursos de flamenco de diferentes disciplinas: baile, guitarra, cante, compás, etc., y de todos los niveles, incluido el profesional. Es un lugar de encuentro para artistas y aficionados al flamenco.

Una noche mítica en la Venta El Gallo — FLAMENCO

Véase 13 P. 94 **H5**

Cueva flamenca y restaurante que combina cenas con espectáculos, aunque también se puede asistir solo con consumición. Fundada a finales de la década de 1970 por el guitarrista de zambras Juan Heredia, "Juanillo", hijo de la mítica bailaora Antonia "la Gallina", La **Venta El Gallo** *(cuevaventaelgallo.es)* siempre ha destacado por la defensa del Sacromonte como barrio cultural y artístico, así como por los derechos de los gitanos. Atesora recuerdos de los ilustres visitantes que ha recibido a lo largo de su historia: Camarón, Paco de Lucía, Remedios Amaya, Enrique Morente, e incluso hasta algún miembro de los Rolling Stones. El actual espectáculo flamenco, "lleno de la pureza, colorido y temperamento del Sacromonte", está dirigido por las hijas del guitarrista.

Celebrar en El Camborio — CELEBRACIONES

PLANO: 21 P. 94 **F5**

Atardeceres dignos de *Las mil y una noches* se disfrutan desde las terrazas de este local-cueva, una de los más grandes de los que pueden encontrarse en el Sacromonte, con diferentes ambientes donde disfrutar de café, té, copas, cerveza y cachimba. Además, en **El Camborio** *(elcamborio.com)* se pueden organizar celebraciones de todo tipo.

Colorear la vida con cerámica de Fajalauza — ARTESANÍA

PLANO: 22 P. 94 **C2**

Esta tradición artesanal se ha mantenido prácticamente sin cambios desde sus inicios en el s. XVI. La cerámica originaria del Albaicín se caracteriza por su funcionalidad y su uso cotidiano en los hogares. Las piezas más comunes incluyen lebrillos, jarrones y platos, que eran parte esencial de los ajuares domésticos de la Andalucía tradicional. Actualmente, la **Fundación Fajalauza** *(fajalauza.org)* trabaja para preservar tanto el patrimonio material como el conocimiento asociado a esta artesanía. La cerámica se distingue por sus colores, principalmente el verde y el azul, y por sus diseños sencillos que reflejan la cultura local. Además, ha experimentado un gran resurgimiento en la demanda.

SUGERENCIAS

Lo mejor para...

Localizaciones en el plano de la **p. 94**

€ Económico €€ Medio €€€ Alto

Comer

Con vistas a la Alhambra

El Huerto de Juan Ranas €€€
23 C5
Restaurante clásico granadino que mira desde un carmen hacia la colina roja, justo debajo del mirador de San Nicolás. Con una carta de calidad repleta de referencias andaluzas con guiños andalusíes. *elhuertodejuanranas.com; 13.00-23.00*

Estrellas de San Nicolás €€€
24 C5
La antigua morada de la familia Morente acoge este restaurante cuyos ventanales casi tocan la Alhambra. Su azotea en las alturas del Albaicín es un sueño. En temporada alta hay varios turnos de comidas y cenas. *estrellasdesannicolas.com; 13.00-15.30 y 19.00-22.30*

Asadores

Merendero La Granja €€
25 C3
Restaurante tipo venta que ofrece platos tradicionales, sencillos y muy ricos. Bordeando el Albaicín alto con la carretera de Murcia, a la altura de la fábrica de Fajalauza, su amplia explanada y su soleada terraza parecen las de un merendero campestre. *627 770 892; 13.00-18.00 ma-ju, 13.00-19.00 vi-do*

Casa Gabriel €€
26 C4
Especialidades a la brasa con carbón de encina en hornos Josper (combinación entre parrilla y horno). Calidad, buenos productos y servicio encantador, en una bonita y tranquila casa del Albaicín alto, con un torreón cubierto por artesonado. *casagabrielgranada.com; 12.30-23.30 lu-do*

En el Sacromonte

Casa Juanillo €
27 G5
De la misma dirección que la Venta El Gallo, sus ventanas azules dan a la Alhambra, el Generalife, la Silla del Moro y Valparaíso. En su chimenea asan en invierno las chuletillas de cordero lechal y todo el año cocinan lo tradicional: tortilla Sacromonte o plato alpujarreño. Se respira ambiente flamenco por los cuatro costados. *casajuanillo.es; 12.00-16.30 y 19.30-23.30 mi-sa, 12.00-16.30 do*

Beber

Lugares con encanto

Rincón del Chapiz
28 E5
En la privilegiada esquina de la cuesta del Chapiz con el camino del Sacromonte, junto a la estatua de Chorrojumo, este café sirve ensaladas, sándwiches, crepes, zumos y opciones vegetarianas, tanto para tomar allí o en su entretenida terraza, como para llevar. *958 226 665; 9.30-16.45 lu-vi, 9.30-19.45 sa*

En el Sacromonte

Casa Juan Maya

29 H5

Con cocina y bodega integrada para el picoteo en su planta baja o al sol de su puerta en pleno Sacromonte, los salones de arriba ofrecen menús con maridaje y vistas de ensueño. Además, lo combinan con talleres de cocina o de flamenco. *658 837 423; 12.30-23.00 vi-ma*

Comprar

Artesanía

Fajalauza

véase 22 C2

En esta fábrica de cerámica artesanal, desde hace casi un siglo Miguel Morales Moreno elabora y pinta a mano desde vajillas a jardineras e incluso rejillas de ventilación de inspiración nazarí usando una de las mejores técnicas de la loza morisca. *fajalauza.com; 9.00-18.00 lu-vi*

El Corralón

30 C4

Tienda de antigüedades en una antigua casa del s. XVI que ofrece cerámica de Fajalauza, taracea, forja granadina pintura y acuarelas, objetos *vintage*, joyería o pañuelos. *elcorralontienda.com; 11.00-14.00 lu-vi*

Chambo

31 D4

Joyería, bisutería, acuarelas, grabados, cuero, cerámicas y recuerdos para amantes de los colores y de las piezas hechas a mano, con el añadido exótico de instrumentos de percusión melódica, ocarinas y cajones flamencos. También organizan clases de percusión. *640 243 804; 11.00-19.00 lu-do*

Al Aire Art

32 D4

En la plaza Aliatar, Gonzalo tiene una tienda-taller pequeña y encantadora donde vende sus yeserías y mosaicos inspirados en motivos de la Alhambra. *622 364 651*

Mercadillos

Mercadillo de la plaza Larga

33 C4

Ropa, flores, verdura, fruta y mil objetos más pueden encontrarse en el mercadillo de la plaza Larga, en el centro del Albaicín alto, de martes a sábado por la mañana, aunque los sábados suelen ser los días más populosos. *10.00-14.00*

Alimentación

El Agua

34 C4

En esta tienda con sabor a las de antes, en el corazón del Albaicín alto, se venden alimentos ecológicos granadinos a granel, además de macrobiótica, productos infantiles o aceites de oliva ecológicos. *ecotiendaelagua.com; 8.00-21.30 lu-sa*

Diseño

Reez Glass Studio

35 E4

La pasión por crear cosas bellas alimenta este estudio-tienda enclavado en una escondida placita del Albaicín. Ofrecen diseño hecho a mano para colecciones de joyería en vidrio, así como objetos de vidrio reciclado. *reez.es; 10.00-14.30 y 16.00-19.00 lu-sa, 11.00-14.00 do*

CIRCUITO A PIE

Granada desde el cielo

La ciudad tiene varios miradores desde los que se puede admirar la Alhambra desde múltiples perspectivas. Además, desde la colina de la Sabica se contempla el Albaicín. De noche se lo conoce como "el cielo bajo" por la semejanza que tiene el barrio iluminado con el firmamento estrellado.

INICIO	FINAL	DURACIÓN
Mirador de San Miguel Alto	Mirador de La Churra	2 km

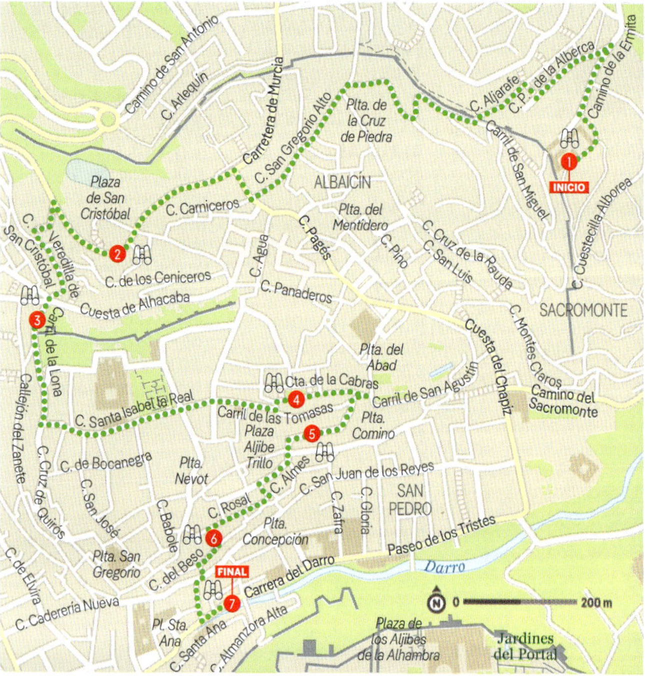

1 Mirador de San Miguel Alto
En este mirador (p. 92), situado en la cota más alta de Granada, se tendrá la ciudad a los pies.

2 Mirador de San Cristóbal
Situado en la antigua carretera de Murcia, ofrece unas vistas únicas que incluyen el Albaicín, la Alhambra y Sierra Nevada. Es uno de los pocos miradores desde el que se divisa parte de la antigua muralla de la ciudad.

3 Mirador del Carril de la Lona
Con vistas a la ciudad moderna, este mirador se eleva sobre la ladera del Zenete, uno de los antiguos barrios de la Madinat Garnata zirí, y mira completamente hacia el oeste, a la Vega.

4 Mirador de San Nicolás
Es el más famoso de la ciudad y, por tanto, el más bullicioso y multitudinario. Se dice que aquí pronunció su célebre frase sobre el atardecer el presidente estadounidense Bill Clinton.

5 Mirador de la placeta del Comino
El reverso de San Nicolás es este singular mirador casi desconocido: una plazoleta recogida que ofrece unas de las panorámicas más bonitas de la ciudad envuelta por la vegetación en primavera y verano.

6 Mirador de la placeta de Carvajales
Otro encuadre desde una plaza del Albaicín bajo con una mirada en contrapicado de la Alhambra. El centro de la plaza está recorrido por un canal alargado que simula las albercas y acequias de las casas y palacios andalusíes.

7 Mirador de la Churra
Un clásico de Instagram. Se encuentra a los piues de la Alcazaba de la Alhambra, con vistas al Albaicín. Está rodeado de viviendas, por lo que hay que evitar los ruidos.

Sugerencias de lugares para comer, beber y comprar en **p. 132**

Explora
El centro y la catedral

Las huellas del arte gótico y renacentista abundan en el centro de Granada, donde se concentran los edificios construidos durante la época de los Reyes Católicos y Carlos V. Tras la conquista de la ciudad en 1492, Granada, último reino musulmán de la península Ibérica, experimentó una profunda transformación en su estructura económica, política, social y religiosa. Esta nueva impronta queda reflejada en una espléndida representación arquitectónica de estilos que conviven con elementos nazaríes y mudéjares, enmarcados hoy por el bullicio cotidiano de la vida urbana.

Cómo desplazarse

Automóvil

No se aconseja acceder con él al centro, ya que hay zonas restringidas. Si se tiene que llegar a un hotel o *parking*, se aconseja consultar el itinerario en movilidadgranada.com; el GPS puede llevar por algunas calles de tránsito limitado.

Autobús

Las líneas n° 4, 8, 11, 21, 33, y los microbuses C31, C32, C34, además del S2 llegan y/o recorren la Gran Vía de Colón.

Tren turístico

Ideal si se va con niños, mayores o personas con discapacidad. Parte de la plaza Nueva *(7 €; 10.00-18.00)*.

LO MEJOR

PINTURA CONTEMPORÁNEA
Centro José Guerrero (p. 124)

CLAUSTRO HISTÓRICO
Monasterio de San Jerónimo (p. 125)

SALA DE CONCIERTOS
Planta Baja (p. 130)

CINE
Cine Madrigal (p. 128)

La catedral (p. 118).

CIRCUITO A PIE

Tiendas históricas del centro

Entrar en algunos comercios de Granada es como viajar al pasado. La ciudad ha sabido conservar algunas de sus **tiendas clásicas,** aunque, como en todas partes, muchas han desaparecido. Un patrimonio que otorga personalidad gracias a la sensibilidad de las familias propietarias que se afanan por mantenerlo vivo.

INICIO	FINAL	DURACIÓN
Plaza de la Trinidad	Calle Alhóndiga	1 km

1 Oliver Delicatesen

Preciosa tienda abierta desde **1850** y situada en una esquina de la plaza de la Trinidad. Vinos y cavas, frutos secos a granel y productos gastronómicos llenan las estanterías de este antiguo colmado cargado de historia: fue lugar de paso para intelectuales granadinos de principios del siglo pasado y ultramarinos de confianza de García Lorca. Sus 12 m² podrían contar miles de secretos.

2 Especias Barranco

Desde **1935,** inundando la calle de sutiles aromas, este comercio anclado en el tiempo despacha especias, té, condimentos y miel de producción ecológica. También hay tarros de frutos secos y legumbres. Luce un neón, báscula y caja registradora de época, todo un paraíso gastronómico *vintage*.

3 Espartería San José

Esparto, cuerdas o cencerros. Productos de otro tiempo que aún se despachan en este establecimiento que abrió sus puertas en **1907.** Entre sus paredes se acumulan enseres auténticos y de calidad.

4 Mercería Viuda de Sáez

En una callejuela entre la catedral y la plaza de Bib-Rambla, esta mercería abierta en **1948** ofrece lanas, encajes, tiras bordadas, puntillas y todo lo necesario para bordar, incluidas sedas y tules. También es el lugar ideal para comprar todo lo necesario para ataviarse para las grandes fiestas locales: la Semana Santa y la feria.

5 Anticuario Ruiz Linares

Al cruzar la entrada de este elegante espacio, situado a un paso de la capilla Real, se deja atrás el mundanal ruido y se accede a un universo del coleccionismo. Antigüedades y artesanía con el aroma de la historia en un comercio abierto en **1883,** cuya primera ubicación estuvo en la calle Real de la Alhambra.

6 Cerámica Los Arrayanes

Tienda moderna que vende cerámica artesanal granadina, hecha de forma tradicional y pintada a mano. Algunos productos se fusionan con lo contemporáneo; otros, como platos, lebrillos, jarras y vajillas, lucen los clásicos colores azul y verde.

CIRCUITO A PIE

De plaza en plaza

El centro de Granada está lleno de plazas donde desembocan muchas de sus estrechas calles. Cuadradas o trapezoidales, empedradas o adoquinadas, algunas poseen fuentes monumentales y árboles. Oasis verdes en medio de la ciudad que permiten un descanso a vecinos y turistas.

INICIO	FINAL	DURACIÓN
Plaza de las Pasiegas	Plaza Nueva	2 km

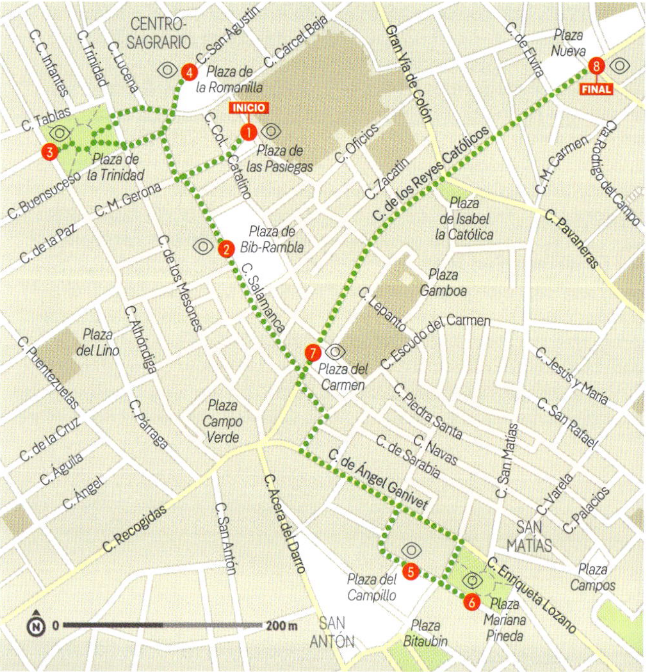

1 Plaza de las Pasiegas
La plaza más teatral de Granada se encuentra delante de la catedral, cuya fachada ejerce como un gran decorado escenográfico. Lugar bullicioso y punto de encuentro, debe su nombre, según algunos historiadores, a que varias mujeres del **valle del Pas,** en Cantabria, abrieron en ella sus comercios de tela. Según otros, el nombre hace referencia a las nodrizas procedentes del collado cántabro que amamantaban a los hijos de las familias de la alta burguesía granadina durante el s. XIX.

2 Plaza Bib-Rambla
Conocida popularmente por los granadinos como **Bibarrambla,** es uno de los espacios más transformados y antiguos de la ciudad. Primera plaza de la antigua **Medina Garnata** en tiempos de la taifa zirí, ha sido escenario a lo largo de los siglos de zocos, corridas de toros y ejecuciones públicas. Núcleo de la vida social y comercial, Bib-Rambla está hoy literalmente tomada por bares y terrazas. En su centro se alza la fuente de los Gigantones.

3 Plaza de la Trinidad
Plátanos, naranjos y boneteros del Japón dan sombra a esta céntrica plaza donde reina el murmullo del agua y el canto de los pájaros. Con suelo en damero, en ella confluyen varias calles comerciales. Es un buen lugar para relajarse y saborear un helado. Aquí estuvo hasta 1889 la **iglesia y convento de los Trinitarios Calzados,** de ahí su aire de claustro, realzado por la fuente de piedra y mármol de estilo barroco que hoy adorna majestuosamente su centro.

4 Plaza de la Romanilla
Entre las palmeras de esta plaza dividida en dos partes se alza un edificio contemporáneo que alberga el **Centro García Lorca.** Junto al legado del poeta, conviven en este espacio el **monumento al Aguador,** además de muchos turistas, puestos de venta de fruta, frutos secos, especias y, naturalmente, muchos bares. Su nombre se debe al mercado que albergó y a la caseta municipal de repeso, donde se podía comprobar, con una pequeña pesa romana, la del nombre de la plaza, la exactitud del peso de los artículos comprados.

5 Plaza del Campillo
Muy cerca de la **fuente de las Batallas** y del que fuera el **castillo de Bibataubín,** hoy abierta a la calle Acera del Casino, bajo la sombra de sus vetustos árboles, los más altos de la ciudad, esta plaza es protagonista de la historia del s. XX granadina. En una de sus esquinas estuvo el famoso Café Alameda, lugar de reunión entre los años 1915 y 1929 de figuras ilustres como Lorca y Falla, y marco de la célebre tertulia El Rinconcillo (p. 130). En la plaza, con su fuente en el centro,

también estuvo el desaparecido teatro Cervantes.

6 Plaza de Mariana Pineda

"La Mariana", como se suele llamar a esta plaza presidida por una estatua de la heroína liberal ejecutada en 1831, huele al **pan de Alfacar** que se vende en uno de sus quioscos (p. 135). Su traza actual es de finales del s. XIX, pero su historia se remonta varios siglos atrás.

7 Plaza del Carmen

La plaza del Ayuntamiento se encuentra en el epicentro de la ciudad, más arriba de la puerta Real, a la que mira desde las alturas consistoriales una escultura ecuestre de un jinete con los ojos vendados que monta a pelo y sujeta una bola dorada. La obra, del artista andaluz **Guillermo Pérez Villalta,** simboliza un momento de felicidad plena. Frente al ayuntamiento se conserva, en la esquina, uno de los pocos ejemplos de edificio típico de las primeras décadas del s. XX.

8 Plaza Nueva

La historia de la que fue la plaza más importante de la ciudad, donde se jugaba a las cañas y se celebraban torneos, no hace honor a su nombre. Centro de la vida granadina, desde aquí se sube a la Alhambra y se accede a la carrera del Darro y al Albaicín, además de a la calle Elvira. A su alrededor se levantan varios edificios históricos, como la **Real Chancillería** (actual Tribunal Superior de Andalucía). Hoy en día, la plaza se extiende sobre la bóveda que cubre el río Darro y en ella se encuentra la última obra de Diego de Siloé en Granada: el **pilar del Toro,** del s. XVI.

Plaza Bib-Rambla.

★ IMPRESCINDIBLE

Capilla Real

Una de las cumbres arquitectónicas de Granada es el **mausoleo de los Reyes Católicos.** Isabel y Fernando decidieron ser enterrados en Granada, decisión que tomó también su hija, Juana I de Castilla, y su esposo, Felipe el Hermoso. El panteón es un templo de orden isabelino con un esplendoroso retablo, una gran reja labrada en forja e incontables tesoros.

PLANO: P. 122 **E4**

Lonja de Mercaderes

Comunicada con la capilla Real, esta lonja fue financiada por el genovés Esteban Centurión en 1518. Construida como casa de contratación y comercio en tiempos de Carlos V, cuando Granada mantenía una importante **industria sedera,** se trata de una pequeña galería a la espalda del Sagrario. Posee dos plantas de aroma mudéjar, decoración exterior con grutescos, columnas de medias bolas, cordones en espiral y heráldica alusiva a la ciudad recién conquistada por los Reyes Católicos. El interior, con artesonado mudéjar y presidido por la copia de *La rendición de Granada* del pintor Francisco Pradilla conforma un gran preámbulo a la capilla Real.

CONSEJO

Se puede bajar a la cripta para ver los ataúdes de plomo de los reyes.

Arquitectura

La capilla Real de Granada merece ser admirada desde la calle Oficios y desde la última planta del vecino **Centro José Guerrero,** que depara unas vistas increíbles. La capilla es un descollante ejemplo del denominado gótico isabelino o gótico hispano-flamenco, que representa la transición entre el último período del estilo gótico y el Renacimiento, característico de la Corona de Castilla. Los muros lisos se contraponen con adornos de cresterías y un friso azul que recorre la parte alta de los paramentos con una inscripción en caracteres góticos alusiva a la construcción del edificio.

Escanea este código QR para horarios, precios y demás.

ARTE
Se debe emplear tiempo en apreciar los detalles y las obras de arte que guarda su sacristía.

Mausoleos reales y cripta

Presiden la capilla los mausoleos de los **Reyes Católicos** y de su hija, **Juana I de Castilla,** y el esposo de esta, **Felipe el Hermoso.** El monumento funerario de Isabel y Fernando es obra del italiano Domenico Fancelli, quien lo construyó en Génova con mármol de Carrara. El rey lleva armadura militar; la reina un sencillo traje cortesano que simboliza humildad y honestidad. A su lado se erige el sepulcro, de estilo más ostentoso, de la reina Juana y su marido, obra de Bartolomé Ordóñez. Bajo los mausoleos está la austera cripta donde se encuentran los féretros, todos ellos de plomo, cada uno identificado con su inicial inscrita en la cubierta. Hay un quinto y pequeño ataúd, el del infante **Miguel de la Paz,** hijo de la primogénita de los Reyes Católicos, Isabel de Aragón, y del rey Manuel I de Portugal, príncipe de Asturias y heredero al trono portugués que murió a los 2 años de edad, frustrando así la unificación de la península Ibérica.

Gran retablo mayor

Los sepulcros reales miran al gran retablo mayor obra de **Felipe Bigarny,** uno de los primeros retablos platerescos realizados en España. La tensión entre su rígida arquitectura gótica y su rica y naturalista ornamentación es un reflejo de la época de transición en que se construyó, en la que el estilo renacentista comenzaba a sustituir al gótico medieval. Su iconografía subraya la legitimidad política y religiosa de los Reyes Católicos, que están representados en varios relieves de la base en escenas de la reconquista de Granada que logró la unidad territorial de España. Se trata de una especie de escala espiritual que conecta a los monarcas con el cielo.

Reja mayor

La maravillosa y policromada reja mayor que protege la capilla Real es obra de **Bartolomé de Jaén.** De estilo plateresco, está considerada la más bella

LEON RAFAEL/SHUTTERSTOCK©

en su tipo del s. XVI español y consta de tres pisos, presididos por el escudo de los Reyes Católicos y con el **yugo** (la Y de Ysabel) y las **flechas** (la F de Fernando). Es todo un programa iconográfico de escenas y alusiones religiosas mezcladas con la heráldica simbólica de los Reyes Católicos. Concebida como un retablo a modo de celosía, permite ver los sepulcros reales, el altar y el retablo.

Sacristía

Antes de morir, Isabel I manifestó su deseo de que fueran enterrados junto a ella y su esposo Fernando algunos de sus más preciados bienes. Todo ese **legado real** se conserva en un museo habilitado en la sacristía anexa a la capilla, con auténticos **tesoros históricos** como la corona, el cetro, el cofre y el espejo de la reina y la espada del rey. Aparte está la galería de pinturas, con obras de las escuelas flamenca, italiana y española, algunos libros de la reina e indumentaria. Sobresale el famoso *Tríptico de la Pasión* de Dirk Bouts y una *Oración en el huerto* atribuida a Sandro Botticelli.

AUDIOGUÍAS GRATIS
Se puede descargar en el móvil una audioguía gratuita. No hay que olvidar los auriculares. También se ofrece en versión infantil.

★ IMPRESCINDIBLE

La catedral

Construida sobre la antigua mezquita principal, la catedral permanece casi oculta entre un laberinto de calles. Su primer proyecto tomó como referencia la catedral de Toledo. Diego de Siloé lo retomó 20 años después introduciendo elementos renacentistas sobre las trazas góticas.

PLANO: P. 122 **E4**

CONSEJO
Se impone guardar silencio y vestir con decoro en el interior del templo.

Escanea este código QR para horarios, precios y demás.

Calle Oficios

En la Gran Vía granadina, una gran reja neogótica da acceso al conjunto arquitectónico de la catedral y la capilla Real. Realizada en 1915, destacan en ellas los símbolos de los Reyes Católicos: el yugo, las flechas y el águila de San Juan. Da acceso a una de las calles más importantes del centro, la calle Oficios. Sobre su suelo empedrado en forma de damero congrega un verdadero museo al aire libre de arquitectura renacentista y barroca. Algunos de los edificios más emblemáticos de la ciudad se suceden en pocos metros: la Lonja, el palacio de la Madraza y el Centro José Guerrero.

Torre Turpiana

El singular **campanario** de la catedral es conocido como torre Turpiana, cuya construcción quedó inacabada por falta de fondos. Durante sus obras, en 1588, al demolerse el antiguo alminar, apareció una caja de plomo enterrada que contenía un pergamino, un lienzo de la Virgen con el Niño y un hueso. Escrito en árabe, castellano y latín, con algunas letras en griego y símbolos, la vitela incluía un comentario de las profecías de san Juan, el relato del

SAIKO3P/SHUTTERSTOCK ©

supuesto viaje de san Cecilio desde Jerusalén hasta Granada y el anuncio de la conquista musulmana en el s. VII. Siete años después de este hallazgo aparecieron los célebres -y falsos- **libros plúmbeos** en el Sacromonte (p. 89).

La fachada de la catedral

Alonso Cano proyectó esta impresionante fachada, que se asoma a la **plaza de las Pasiegas** (p. 113) en 1660, al final de la construcción de la catedral. Monumental y barroca, en este gran lienzo en piedra resalta un importante contraste de luces y sombras debido a los distintos tonos de la piedra y el mármol, así como a los fuertes retranqueos de planos.

AUDIOGUÍAS GRATIS
Se puede descargar en el móvil una audioguía gratuita muy recomendable. No hay que olvidar los auriculares.

ACTOS OFICIALES
Durante los actos litúrgicos, no está permitida la visita turística a la catedral.

BAZARES
Tras la visita, es buena idea deambular por los bazares de la Alcaicería para imaginar cómo era la vida de hace 500 años.

Capilla Mayor

Con la impronta barroca de **Alonso Cano,** el programa iconográfico de la catedral supone una catequesis visual cuyo objeto es dirigir al visitante a la gran Custodia del Corpus Christi de Granada, obra maestra de la orfebrería del s. XVI. El diseño de Cano completa la concepción renacentista primitiva del edificio, planeada por **Diego de Siloé,** que estaba centrada en la devoción de la Virgen. Los bustos de Adán y Eva y las estatuas de los Reyes Católicos orantes en el altar mayor son obra de Cano. Elevando la vista destacan las sobresalientes vidrieras de **Teodoro de Holanda,** obras señeras en su tipo, de las más notables del s. XVI. Antes de llegar a la bóveda celeste estrellada que corona el altar, alegoría del reino de los cielos, a la derecha, en la nave de la Epístola, una portada gótica da acceso a la capilla Real. Se trata del único elemento de la primera época del edificio que se conserva, de finales del s. XV, y está lleno de simbolismo. Destaca sobre todo por ser el lugar de sepultura de los Reyes Católicos, así como de su hija Juana I de Castilla y su esposo, Felipe el Hermoso. Es un ejemplo sin parangón del gótico flamenco de la época.

Capilla de San Cecilio

Esta es una de las capillas más significativas de la girola, el espacio que circunda al Altar Mayor. De neoclásico y diseñada por los **hermanos Verdiguier,** está consagrada a san Cecilio, patrón de Granada y su primer obispo según la tradición, y dedicada a la memoria de los mártires de las primeras comunidades cristianas. En uno de los retablos laterales se puede ver a san Emigdio, protector ante los terremotos tan frecuentes en esta zona.

Sacristía Mayor

En la sacristía, a la que se accede por una hermosa portada renacentista proyectada por Diego de Siloé, se guardan importantes obras de arte, desde relojes ingleses con motivos chinescos del s. XVII a obras de Alonso Cano, Leandro Bosano o Juan de Sevilla. Preside la sacristía un crucificado barroco bajo el cual está la obra estrella de la catedral: la **'Inmaculada del facistol',** realizada hacia 1655 por Alonso Cano, una talla de reducidas dimensiones llena de belleza y armonía.

Iglesia del Sagrario

Este templo fue la última gran adición a la catedral, situado entre esta y la capilla Real. De planta cuadrada en la que se inscribe una cruz griega, se trata de una de las iglesias barrocas más significativas de la ciudad. Su construcción se llevó a cabo en el s. XVIII, aprovechando parte de la estructura de la **antigua mezquita mayor de Granada.** El crucero está cubierto por una cúpula semiesférica, con el espacio litúrgico centrado en un tabernáculo realizado en mármoles de diferentes tonalidades. Destacan en su interior una espectacular pila bautismal renacentista de mármol blanco y un magnífico órgano neoclásico. La visita está incluida en la entrada a la catedral.

UNA PAUSA
Siloé (plaza de Siloé) es un agradable local con terraza que sirve desayunos, pinchos, comidas, meriendas y cenas, además de tentempiés dulces y salados, y copas.

ALREDEDORES
Cerca de la catedral, se puede buscar la estatua dedicada a Alonso Cano, hecha con piedra de la sierra Elvira y mármol de Carrara.

Hospital Real de los Reyes Católicos
Basílica de San Juan de Dios
Monasterio de San Jerónimo
Parque Cristina de Arteaga
Universidad
Plaza de la Universidad
Jardín botánico
CENTRO-SAGRARIO
Catedral
Capilla Real
Palacio de la Madraza
Centro José Guerrero
Corral del Carbón
Palacio de las Columnas (o del Conde de Luque)
Autobús Alhambra y Albaicín
Gran Vía de Colón
Av. Fuente Nueva
C. Alcalde Yoldi Bereau
C. Rector López Argüeta
C. San Juan de Dios
C. Lavadero la Cruz
C. Mano de Hierro
C. Arriola
C. de San Jerónimo
Los Santos
Callejón del Zanete
Cjón. Gallo
Plaza San Miguel Bajo
C. de Bocanegra
C. Cruz de Quirós
C. San José
C. la Tiña
Plta. Almirante
Plta. S. Gregorio
Cta. Marañas
Cta. de la Bateta
C. de Elvira
C. Tendillas de Sta. Paula
C. Santa Paula
Pl. de San Agustín
C. San Agustín
C. Calderería Nueva
C. Cárcel Alta
C. del Aire
C. Cárcel Baja
C. de los Reyes Católicos
C. M. Carmen
C. Pavaneras
Pl. Isabel la Católica
C. Zacatín
C. Oficios
Plaza Gamboa
Pl. Bib-Rambla
C. de los
C. Catalino
Plaza Romanilla
C. Lucena
C. Trinidad
Plaza Trinidad
C. M. Gerona
C. Infantes
C. Angulo
C. Málaga
Pl. Lobos
C. Duquesa
C. Colegios
C. Cuenca
C. Triana
C. Gran Capitán
C. de Alonso Cano
C. Lavadero de las Tablas
C. Horno de Haza
C. Montalbán
C. Tablas
C. Santa Teresa
C. del Buensuceso
C. de la Paz
C. Caril del Pichón
C. de Sócrates
C. San
Pl. Mercedes Domenech
C. Trajano
C. Emperatriz Eugenia
C. Pedro Antonio
CAMINO DE RONDA
C. del Sol
C. Velázquez
C. Martínez Rosa
C. Pintor López
Plaza Gran Capitán
C. Melchor Almagro
Mezquita
C. Pintor Rguez. Acosta
C. Goya
Plaza Albert Einstein
C. Prof. Motos Guirao
C. Mariano del Amo
Pl. de la Presentación
A
B
C
D
E
F
1
2
3
4
1
2
3
4
5
6
10
12
13
14
15
16
17
19
20
21
23
24
25
26
31
32
33
34
35
36
38
39
40
41
45
47
48
50
51
54
56
57
58
59
60
61
64
65
67
68

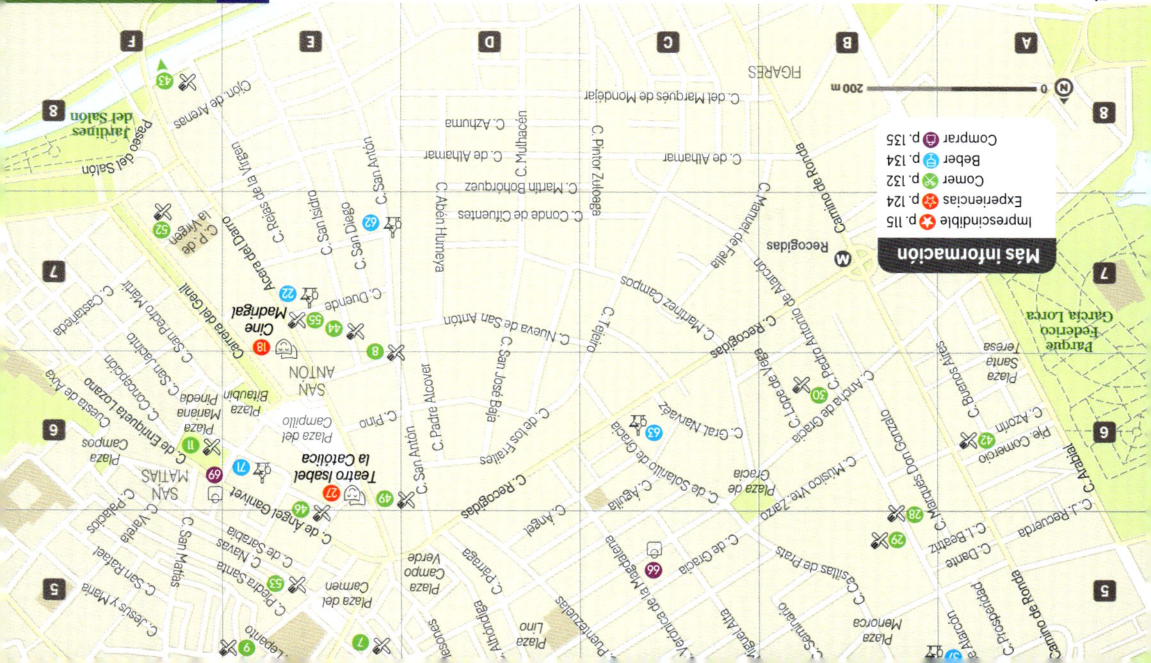
Más información
Imprescindible p. 115
Experiencias p. 124
Comer p. 132
Beber p. 134
Comprar p. 135
0
200 m
A
B
C
D
E
F
5
6
7
8
Teatro Isabel la Católica
Cine Madrigal
Recogidas
SAN MATÍAS
SAN ANTÓN
FIGARES
Parque Federico García Lorca
Jardines del Salón
Paseo del Salón
Camino de Ronda
C. Arabial
C. J. Recuerda
C. Dante
C. I. Beatriz
C. Prosperidad
C. Marqués Don Gonzalo
C. Buenos Aires
Plaza Santa Teresa
C. Azorín
Pje. Comercio
C. Ancha de Gracia
C. Pedro Antonio de Alarcón
C. Lope de Vega
C. Recogidas
C. Martínez Campos
C. Manuel de Falla
C. Músico Vte. Zarzo
Plaza de Gracia
C. de Solarillo de Gracia
C. Gral. Narváez
C. Casillas de Prats
Plaza Menorca
C. Seminario
Miguel Alta
Verónica de la Magdalena
C. de Gracia
Puentezuelas
Plaza Lino
C. Ángel
C. Águila
C. Tejeiro
C. de los Frailes
C. San José Baja
C. Nueva de San Antón
C. Padre Alcover
C. San Antón
C. Pino
C. Párraga
Alhóndiga
Plaza Campo Verde
Plaza del Carmen
C. de Ángel Ganivet
C. Piedra Santa
C. Navas
C. de Sarabia
Lepanto
C. San Matías
C. Jesús y María
C. San Rafael
C. Varela
C. Palacios
Plaza Campos
C. de Enriqueta Lozano
Cuesta de Aixa
C. Concepción
C. San Jacinto
C. San Pedro Mártir
C. Castañeda
Plaza Mariana Pineda
Plaza Bitaubín
Plaza del Campillo
Carrera del Genil
Acera del Darro
C. P. de la Virgen
C. Duende
C. San Diego
C. San Isidro
C. Rejas de la Virgen
Cjón. de Arenas
C. Abén Humeya
C. Conde de Cifuentes
C. Martín Bohórquez
C. Mulhacén
C. de Alhamar
C. Azhuma
C. Pintor Zuloaga
C. del Marqués de Mondéjar

EXPERIENCIAS

Un baño de arte contemporáneo en el Centro José Guerrero MUSEO

PLANO: 1 P. 122 E4

Justo enfrente de la catedral y de la cripta de los Reyes Católicos, en un edificio que albergó la sede de un antiguo periódico, el **Centro José Guerrero** *(centroguerrero.es; gratis)* es uno de los museos de arte contemporáneo más importantes de Andalucía. Dedicado al pintor granadino que le da nombre (1928-1995), entre sus paredes sus obras conviven con las de artistas internacionales que, de alguna manera, participan de su universo. Es un centro monográfico que sirve de puente entre la historia del expresionismo abstracto y la experimentación, entre pasado y futuro. Ofrece visitas comentadas gratuitas todos los martes, excepto festivos, a las 19.00.

Entrar en un antiguo centro de estudios en el palacio de la Madraza PATRIMONIO

PLANO: 2 P. 122 E4

Este palacio, también conocido como Yusufiyya o Casa de la Ciencia, e inaugurado en 1349 por Yusuf I, fue uno de los primeros centros educativos de la Península, aunque para la época ya existían las universidades de Salamanca y Valladolid, heredera esta última del Estudio General de Palencia, de finales del s. XII. Aquí se impartían clases de Derecho, Medicina y Matemáticas, y funcionó hasta 1499. Poco queda de la estructura de la antigua madraza: un arco de herradura da acceso al elegante *mihrab,* único espacio del edificio islámico que se conserva. El interior del **palacio de la Madraza** *(958 996 350; 2 €)* está ricamente decorado al estilo palaciego nazarí. Tras la conquista de Granada, los Reyes Católicos lo convirtieron en sede del Cabildo o Ayuntamiento, aña-

LA PLAZA DE LA UNIVERSIDAD Y EL JARDÍN BOTÁNICO

Esta plaza mítica para miles de estudiantes granadinos está presidida por una estatua de **Carlos V,** constantemente maltratada con grafitis. En el entorno de la **plaza de la Universidad** (PLANO: 3 P. 122 D2) se respira un ambiente estudiantil, con tiendas de discos y ropa de segunda mano, bares de tapas y menús, terrazas y mucho ambiente durante el curso. Junto a este bullicio se abre un remanso de paz, el **jardín botánico** (PLANO: 4 P. 122 D3), uno de los pocos espacios verdes en el centro de la ciudad. Cuenta con casi un centenar de especies como el arrayán morisco, o más exóticas como una acacia de Japón plantada en 1856. Bajo las ramas, un apacible rincón homenajea a **Fernando de los Ríos** (p. 65), quien fue catedrático de la universidad y mentor de Lorca.

diéndole la sala de los Caballeros XXIV o sala de Cabildos, y desde entonces se fue transformando hasta alcanzar su actual fisonomía barroca en 1722. Hoy ha recuperado el uso para el que fue concebido, pues alberga departamentos de la Universidad de Granada.

Conocer el legado andalusí en el corral del Carbón PATRIMONIO

PLANO: 5 P. 122 **E4**

Pasaría desapercibido si no fuera por su fachada con arco de herradura cubierto por mocárabes que precede a otra portada de acceso con ventana geminada, de claro origen árabe. Es uno de los edificios más antiguos de la época nazarí (1300) y uno de los pocos que se conservan en la ciudad baja, donde prevalecen iglesias, conventos y monasterios. En su momento, el **corral del Carbón** *(958 221 144; gratis)* fue una antigua alhóndiga, pero con el tiempo albergó también un almacén de carbón y un corral de comedias, lo que quizá acabó determinando su curioso nombre. Hoy alberga un centro de información turística, la oficina de la Orquesta Ciudad de Granada y la librería del Legado Andalusí. En su patio se realizan conciertos y actuaciones, en especial en verano.

Pasear por el monasterio de San Jerónimo MONUMENTO

PLANO: 6 P. 122 **C2**

Muy cerca de la catedral, a menos de 10 min a pie, se encuentra uno de los tesoros ocultos para la mayoría de los visitantes de Granada. El monasterio de San Jerónimo, donde está enterrado **Gonzalo Fernández de Córdoba,** el Gran Capitán, tiene 500 años de historia, fue levantado con piedras de la muralla árabe y la antigua puerta de Elvira, y es un edificio señero del patrimonio granadino. Fundado por los Reyes Católicos y concebido posteriormente como panteón para el que fuera capitán general de los ejércitos de Catilla y Aragón durante la guerra de Granada, la obra fue llevada a cabo en su mayor parte por el arquitecto renacentista Diego de Siloé en una

BOCADOS RÁPIDOS DE ALTURA

Aliatar

PLANO: 7 P. 122 **E5**

La casa de bocadillos más antigua de Granada. Con dos sedes en el centro *(c. San Sebastián y c. San Antón),* los ofrece fríos y calientes.

San Remo

PLANO: 8 P. 122 **E6**

Con casi 60 años a sus espaldas, sus hamburguesas y su salsa especial tienen fama en toda la ciudad.

La Castellana

PLANO: 9 P. 122 **E5**

Suma a su variada carta de restaurante deliciosos bocadillos (en versión mini y maxi) y hamburguesas *gourmet.*

finca que se cree fue propiedad de Boabdil, el último sultán nazarí. El **monasterio de San Jerónimo** *(realmonasteriosanjeronimogranada.com)* está aún habitado por una comunidad de monjas jerónimas, su iglesia y sus dos claustros lo convierten en una de las joyas del Renacimiento español. Los domingos a las 11.00 hay visitas guiadas.

Entender el Renacimiento español en el Hospital Real

MONUMENTO

PLANO: 10 P. 122 **D1**

El antiguo **Hospital Real de los Reyes Católicos** *(958 243 060; gratis)*, de 1504, es hoy sede de la Universidad de Granada y guarda su biblioteca. Es parte del programa constructivo con el que los monarcas transformaron la ciudad. La planta del edificio responde a un cuadrado en el que se inserta una cruz griega en dos alturas, generando un patio en cada uno de sus ángulos. Visitar estos cuatro patios y contemplar su fachada es clave para entender la arquitectura española del s. XVI. Localizado junto a los jardines del Triunfo, el edificio fusiona elementos góticos, renacentistas y mudéjares. En la fachada aparecen las siglas de los Reyes Católicos, el yugo y las flechas, y en la impresionante portada se puede ver el escudo de los monarcas tallado en el empedrado típico granadino. Suele ofrecer exposiciones temporales y acoge la histórica **farmacia Zambrano,** del s. XIX y cerrada en el 2017, reproducida con muebles, pinturas y enseres originales.

DESAYUNAR EN EL CORAZÓN DE LA CIUDAD

Café Fútbol

PLANO: 11 P. 122 **F6**

Un clásico de los churros bajo la mirada de la estatua de la heroína liberal.

Gran Café Bib-Rambla

PLANO: 12 P. 122 **D5**

Otra referencia churrera con aires modernistas, abierto desde 1907.

Pastelería López-Mezquita

PLANO: 13 P. 122 **E4**

Desde 1869 dando alegrías golosas a todo el mundo.

Wild Food

PLANO: 14 P. 122 **E4**

Tostadas, *porridges, bagels,* licuados y una vitrina llena de dulces.

Conocer el palacio de las Columnas convertido en facultad universitaria

PATRIMONIO

PLANO: 15 P. 122 **C4**

El barrio de la Magdalena, enclavado en el centro de Granada, se llenó hace tres siglos de familias nobles que dejaron un legado de palacios de corte clasicista. El del Conde de Luque, conocido también como **palacio de las Columnas** *(958 243 000; gratis)*, es uno de ellos y un buen ejemplo de este tipo de arquitectura. Con planta en forma de U, cuenta con un amplio jardín de trazado neoclásico, al que se puede acceder desde la galería de la planta baja. El palacio no fue en su origen tan grande como lo es en la actualidad, pues, en el s. XX, se amplió en varias ocasiones. Desde 1979 es la sede de la Facultad de Traductores e Intérpretes.

Encontrarse con el barroco granadino en la basílica de San Juan de Dios

TEMPLO

PLANO: 16 P. 122 C1

Una de las grandes muestras del barroco granadino es este dorado templo del s. XVIII, edificado como mausoleo del venerado santo que le da nombre. El interior de la **basílica de San Juan de Dios** *(basilicasanjuandedios.es)*, de nave única, está cubierto en su totalidad de tallas doradas, pinturas y mármoles hasta el exceso. Los restos de san Juan de Dios se guardan en un baldaquino y una urna realizada por el escultor italiano Bartolomeo Boroni, donde se narra la vida y muerte de este santo protector de los enfermos. El exterior, sobrio con dos altas torres parejas coronadas por chapiteles, no da demasiadas pistas del derroche interior.

Basílica de San Juan de Dios.

JOSEMAD/SHUTTERSTOCK©

MERCADO DE SAN AGUSTÍN

Los mercados muestran el latido de una ciudad. Este, situado a un paso de la catedral y que debe su nombre a un antiguo convento, tiene un aire decimonónico y a la vez contemporáneo, ya que desde hace unos años las fruterías, pescaderías y carnicerías conviven con tiendas de delicatesen llenas de productos locales y gastrobares en lo que se conoce como **San Agustín Gourmet** (PLANO: 17 P. 122 **E3**). Se pueden escoger carnes y pescados en los propios puestos y que los cocinen a la parrilla allí mismo, para después comerlos, por ejemplo, en una mesa alta de la terraza (se paga un suplemento de 4 € por preparar los productos).

Viajar en el tiempo en el cine Madrigal

CINE

PLANO: 18 P. 122 **E7**

Traspasar la puerta de este cine es como viajar tres décadas atrás: madera, tapicería roja, platea superior y proyección analógica en 35 mm. Esta sala, abierta en la década de 1960, rememora los tiempos dorados de las salas oscuras, antes de los multicines de centro comercial. Dicen que el **Madrigal** *(cinemadrigalgranad.wixsite.com/cinemadrigal)* es el último cine clásico de España, con una sola sala de pantalla grande y tres sesiones al día. En pleno centro, forma parte del patrimonio cultural y memorial de Granada gracias a la familia que lo gestiona, que sigue programando, fundamentalmente, cine independiente y de autor.

Sentir la poesía y la música en La Tertulia

ESPACIO CULTURAL

Mítico lugar de cultura, gestionado en la actualidad por el exiliado argentino Tato Rébora. El pintor Juan Vida dio color a este espacio que tiene más de cuatro décadas de existencia y por el cual han pasado grandes nombres de la música (Miguel Ríos, Carlos Cano, Paco Ibáñez, Enrique Morente), la poesía (Luis García Montero, Ángel González, Javier Egea, Mario Benedetti) y la intelectualidad (Juan Carlos Rodríguez y Mariano Maresca), entre muchos otros. En **La Tertulia** (PLANO: 19 P. 122 **A3**; *tertuliagranada.com*), un verdadero templo de la palabra con banda sonora de Astor Piazzola, sigue palpitando la cultura granadina tradicional y expresiones innovadoras como *slam poetry* y poesía experimental.

Sentir el flechazo de los helados italianos

HELADERÍA

La heladería más famosa de Granada es **Los italianos** (PLANO: 20 P. 122 **E4**; *lositalianos.es*), abierta desde Semana Santa hasta octubre, frente a la reja de entrada a la calle Oficios. Siempre con colas, aunque bien organizadas y un servicio rápido, su especialidad con más éxito

PEDRO ANTONIO DE ALARCÓN: MIL CALLES LLEVAN HACIA TI

El gran epicentro de la movida granadina es una calle que lleva el nombre de un escritor romántico: Pedro Antonio de Alarcón. Cuenta una leyenda urbana que, en pleno apogeo del lugar como gran zona de bares, le pidieron a un estudiante que citara tres obras del escritor de Guadix. Cubriéndose de gloria, su respuesta fue el nombre de dos bares y el de un *pub* de la zona. La fama de la calle había superado a la del autor de *El sombrero de tres picos*. Desde la década de 1980 esta vía que discurre entre la **plaza de Einstein** y la **placeta Alhamar,** es un punto caliente de la vida nocturna, gracias a sus bares de tapas, sus garitos y sus pisos de estudiantes. De día es una ambientada zona comercial de barrio.

es el helado de *cassata,* una típica tarta siciliana. También es célebre su horchata. Más escondida, junto a la plaza de la Trinidad, la **heladería Grillo** (PLANO: 21 P. 122 **D3**), elabora helados frescos típicamente italianos procedentes de Pizzo Calabro, la *citta del gelato,* donde se creó el tartufo. Aquí ofrecen distintas especialidades de este crujiente helado, además de delicias sicilianas como el *cannolo* relleno de helado cremoso o el brioche con helado. También abren en Navidad.

LA COCTELERÍA 'SPEAKEASY' FAVORITA DE ROCÍO MESA

La cineasta de Las Gabias es fan de **Alexander** (PLANO: 25 P. 122 **B1**; *alexandercocktailclub.es*), un local del barrio de Los Pajaritos. "De estilo británico, hay flores secas por todas partes, rincones a media luz, música *jazz*. Es como estar en un lugar prohibido y en el salón de una aristócrata, todo a la vez. Mis padres iban a este bar cuando eran jóvenes y yo les he tomado el relevo".

Tocar el cielo de Granada en una azotea TERRAZA

Bheaven (PLANO: 22 P. 122 **E7**; *bheavengranada.com*), la terraza del hotel Barceló Puerta del Carmen está frente a la colina de la Alhambra, con Sierra Nevada al fondo, un lugar único para disfrutar de una copa. Otro lugar señero para tomar algo con vistas es el *rooftop* de un edificio modernista, llamado **Miralba** (PLANO: 23 P. 122 **E3**), situado en el **Palacio de Gran Vía, a Royal Hideaway Hotel.** Por último, mirando a San Jerónimo se encuentra la **Terraza Monasterio** (PLANO: 24 P. 122 **C2**; *hotelmonasteriogranada.com*), siempre ambientada, sobre todo, a partir del atardecer.

Darse un homenaje en Seda Club TERRAZA

Este exclusivo hotel en plena plaza de la Trinidad ofrece tres espacios para comer y beber en su **Seda Club** (PLANO: 26 P. 122 **D4**; *sedaclubhotel.com*): **restaurante,** el **'lobby bar',** y el **Clandestino,** un *sky lounge.* Su *brunch* de los fines de semana es sensacional; su restaurante, pura sofisticación que une lo cosmopolita con la tradición; y su barra, una de las mejores de la ciudad. Como guinda, tienen espacio *wellness* para relajarse y terraza con vistas. Todo en un ambiente reservado y con luz tenue.

Disfrutar un espectáculo en el teatro Isabel la Católica TEATRO

PLANO: 27 P. 122 **E6**

A un paso de la puerta Real, el **teatro Isabel la Católica** *(taquillagranada.com),* el principal espacio escénico de la ciudad, se inauguró para el I Festival de Música y Danza, que clausuró su primera edición con dos recitales del inolvidable guitarrista Andrés Segovia.

TRES CLÁSICOS PARA COMER EN PEDRO ANTONIO

Poetas Andaluces
PLANO: 28 P. 122 **B5**
En el nº 43, un local de los años 70 con vidrieras, asados, menú y gran repostería, todo con productos de primera.

Kudamm Edel
PLANO: 29 P. 122 **B5**
En el nº 36 de la calle, un clásico que mezcla cocina alemana, centroeuropea y española desde los años 70.

El Rinconcillo
PLANO: 30 P. 122 **B6**
Un lugar ideal para aficionados al pescado. En el nº 30, David y Mónica ofrecen distintos cortes de atún.

Danza, música, representaciones teatrales y festivales de cine se siguen disfrutando hoy en este céntrico espacio con programación para todos los públicos.

Cruzar el mítico túnel de Planta Baja SALA DE CONCIERTOS

Por un legendario túnel de gresite se baja a esta sala, uno de los grandes referentes de la noche granadina y del *indie-rock* de la ciudad. Su programación de conciertos ha sido y es de lo mejor –se nota que el local está regentado por músicos–; por su escenario han pasado todos los grupos *indies* (y de otros géneros) de la ciudad y muchos de fuera de ella. El espíritu de siempre del **Planta Baja** (PLANO: 31 P. 122 **C4**; *plantabaja.club*) continúa latiendo hoy en los concursos de bandas emergentes, en su cabina siguen pinchando miembros de Lagartija Nick, Los Planetas, Napoleón Solo, Lori Meyers, Niños Mutantes, Al Supersonic o Trepat; y a su escenario siguen subiendo las bandas de la ciudad. Un lugar que ha sabido resurgir varias veces de sus propias cenizas.

Flipar en Discos Bora-Bora TIENDA

En una ciudad epicentro del *rock* patrio no pueden faltar sitios que aúnan pasión por la música y el coleccionismo. En plena plaza de la Universidad, esta célebre tienda repleta de libros, vinilos, carteles y camisetas se ha convertido en un referente. Los responsables del **Bora-Bora** (PLANO: 32 P. 122 **D3**; *discosborabora.com*), Gonzalo y Mariajo, quieren que los visitantes se sientan "como en el salón de tu casa".

Una noche psicodélica en Ruido Rosa PUB

Este garito emblemático de la zona de Pedro Antonio de Alarcón es otro de esos lugares sin el que sería imposible entender la movida musical de las tres últimas décadas en Granada. Templo musical y cuna de músicos locales y foráneos, abrió de la mano de los hermanos Lapido, del grupo 091, y en él debutaron muchas bandas. Además, **Ruido Rosa** (PLANO: 33 P. 122 **A3**; *c. Sol 18)* es bar de cabecera para melómanos y grupos como Los Planetas, Lori Meyers o Napoleón Solo. Suelen pinchar psicodelia, post-punk, *sixties,* pop, *rock* y *garage.*

Caña, cena y concierto en Lemon Rock

ESPACIO CULTURAL

En un edificio señorial del s. XVII, rehabilitado y restaurado con mimo, se mezclan elementos metálicos de estética moderna e industrial en un restaurante y bar de copas, además de albergue y espacio cultural con una amplia programación. Con un ambiente muy *rockero,* en música pinchan un poco de todo. El **Lemon Rock** (PLANO: 34 P. 122 **C3**; *lemonrockgranada.com)* también cuenta con una terraza-azotea para las noches de verano. Un lugar redondo.

Una noche de colores diversos en Six Colours

PUB

Otro de los locales de largo recorrido del centro para bailar y donde todo el mundo es bienvenido, sea cual sea su orientación sexual. Con una filosofía de "renovarse o morir", **Six Colours** (PLANO: 35 P. 122 **D2**) ofrecen fiestas temáticas y noches al ritmo de algunos de los mejores DJ nacionales.

Historia feminista y 'queer' en La Sal

PUB

Desde la década de 1980, este local lo ha visto todo: poesía, comités antisida, libertad y, naturalmente, música y fiesta. Se trata de uno de los primeros bares andaluces enfocado a mujeres lesbianas, aunque entre sus paredes diversas cabe –y baila– todo el mundo. En **La Sal** (PLANO: 40 P. 122 **D2**; *958 276 455)* también hay lugar para clubes de lectura y noches de micrófono abierto.

CUATRO GARITOS CLÁSICOS EN PEDRO ANTONIO

Mala Vida

PLANO: 36 P. 122 **A4**

Pequeño *pub rockabilly* en uno de los callejones de Pedro Antonio, a la altura del nº 77, que respira autenticidad.

Perro andaluz

PLANO: 37 P. 122 **A5**

Otro lugar pequeño (nº 61), consagrado al *heavy,* con guitarrazos resonando en sus paredes *horror vacui.*

La Rocka

PLANO: 38 P. 122 **A4**

Clásico del *rock* granadino (nº 70), tanto en su banda sonora como en sus icónicas jarras de cerveza.

Chupitería 69

PLANO: 39 P. 122 **B4**

En la calle Sócrates, para tomar un chupito rodeado de Erasmus.

SUGERENCIAS

Lo mejor para...

Localizaciones en el plano de la **p. 122**

€ Económico €€ Medio €€€ Alto

Comer

De autor

El Claustro €€€
41 D2
Restaurante ubicado en el antiguo claustro y refectorio del convento de Santa Paula, del s. XVI. Hoy es un hotel de lujo con artesonado mudéjar. En su cocina, el chef Rafael Arroyo mezcla platos internacionales de vanguardia con especialidades locales. *958 805 740; 13.00-15.30 y 19.00-22.30 lu-do*

Portal • el bajo i • €€
42 A6
Cocinar sin prisa para comer sin prisa es la filosofía de este local a cuyos mandos está el chef Ismael Delgado. Creatividad, felicidad y buen sabor en un lugar donde no hay carta. Se come lo que hay, que se prepara en función del mercado. *elbajoi.com; 13.30-15.45 y 20.15-22.30 ma-sa*

Atelier €€
43 F8
Casa de alta cocina hospitalaria, alegre, fresca y profesional. Raúl Sierra, el apasionado chef al frente, apuesta por una gastronomía contemporánea que resalta los sabores andaluces y, sobre todo, granadinos. *ateliercasadecomidas.com; 13.30-16.00 y 20.30-23.00 ma-sa*

Bardana €€
44 E7
Tras ocho años en la cocina del malagueño Dani García, Marta Fernández decidió montar, junto con Andrés de la Rosa, un proyecto propio en su tierra. Ofrece recetas andaluzas sencillas con toques orientales y cosmopolitas, siempre elaboradas con producto de calidad. *bardanarestaurante.metro.rest; 13.00-16.30 y 20.30-24.00 ma-sa*

Betula Nana €€
45 D3
Frente al jardín botánico, este local encantador ofrece productos del día y de km 0. Alba y David dan vida a platos sencillos hechos con muchos gramos de amor y honestidad. Tiene pocas mesas, así que es mejor reservar. *651 470 161; 13.30-16.00 y 20.30-23.00 mi-sa y lu*

Tinta Fina €€€
46 E6
Un espacio inspirado en un *loft* neoyorquino que esconde buena cocina de mercado. Aúna tradición y producto local para carnes, mariscos y pescados con una interesante carta de cavas y champañas. *tintafinarestaurante.com; 13.00-1.00 lu-do*

Alternativos

Utopía Ramen €
47 D2
En este bar de *ramen* presumen de haber viajado a Japón para formar a sus cocineros y traer el auténtico sabor de Osaka a Granada. Preparan *tonkotsu* y *yasai*, tanto de *shoyu* como de *miso*. Aparte de una variada carta, sirve cócteles orientales. *utopiaramen.com; 13.00-16.00 y 20.00-23.00 lu-do*

Botánico €€

48 D3

En este establecimiento sirven comida moderna tanto a poetas ilustres como a bandas *indie* y a estudiantes: platos variados de base mediterránea con aportaciones de otras cocinas del mundo. Hay opciones vegetarianas, menú del día y sugerencias de fin de semana. *botanicocafe.es; 10.00-24.00 lu-do*

Tabernas y tapas

Taberna Casa Enrique (El Elefante) €/€€

49 E6

Fundada en 1870, este pequeño espacio lleno de fotos, jamones y bártulos hasta el techo, huele a vino y madera, y sabe a historia y a buenísimas tapas, desde verduras a embutidos para degustar en su concurrida barra con solera o en una terraza en plena puerta Real. *958 255 508; 13.00-16.00 y 20.00-24.00 lu-sa, 13.00-16.00 do*

Bodegas Castañeda €/€€

50 F3

En el corazón de la ciudad desde 1927, aquí siempre es difícil hacerse hueco en la barra. Estas bodegas reivindican el buen vermut y se sirve el mejor de los calicasas, un combinado granadino misterioso y zumbón. Para comer, nunca fallan sus célebres tablas. *casacastaneda.es; 11.30-0.30 lu-do*

Bar León €

51 F3

A espaldas de la plaza Nueva, el ambiente cofrade inunda por los cuatro costados este bar tradicional con una gran cocina, celebrando siempre todo lo granadino: el Corpus, las cruces y lo que se tercie. *958 225 143; 8.00-16.00 y 20.00-23.00 ju-lu, 8.00-16.00 ma*

Taberna Granados € /€€

52 F7

Mítica taberna con más de 100 años por la que han pasado viajeros y grandes granadinos como Lorca, Ayala o Morente. Esta esquina, en plena carrera de la Virgen, es un pedazo de historia de la ciudad, llena de autenticidad. Ideal para la hora del vermut. *657 181 727; 13.00-16.00 y 20.00-23.30 mi-ju, 13.00-24.00 y 13.00-24.00 vi-do*

El Mentidero €/€€

53 E5

Vinos y tapeo de calidad en una taberna sita en una calleja cerca del ayuntamiento. De ambiente informal y siempre ambientada, su barra, mesas altas y terraza se llenan de ricas viandas, muy bien regadas gracias a su amplia carta de vinos. *tabernaelmentidero.com; 13.00-16.00 y 20.30-24.00 lu-sa*

Cisco y Tierra €€

54 E4

Local con historia, inaugurado en 1920 a espaldas del ayuntamiento, que conserva el sabor y la decoración que lo hicieron famoso. Su especialidad son los ibéricos, el requeté (melva canutera y pimiento morrón) y una gran variedad de vermuts. *858 707 079; 13.00-16.30 y 20.30-24.00 ju-ma*

Casa Salvador €

55 E7

Esta taberna de toda la vida dispone de barra, mesas altas y también bajas para disfrutar de una comida más reposada. Tiene una carta tradicional y una pizarra con una amplia variedad de tapas y bocadillos para elegir con la cerveza o el vino. *958 261 955; 8.00-24.00 lu-do*

Bar Provincias €/€€
56 D4
Otro rincón histórico de la ciudad cerca de la catedral, del que fue fiel parroquiano Enrique Morente y donde aún se mantiene viva la llama del cantaor. Con un segundo local en Bib-Rambla, es una isla de calidad en medio de un mar de vulgaridad turística. *bar provincias.es; 13.00-23.30 ma-sa*

Saint Germain €/€€
57 D2
Su nombre homenajea al novelista francés Marcel Proust y da muchas pistas de lo que encierra este local, que bien podría estar en una esquina de París. El viajero encontrará literatura y buenos alimentos en un ambiente de taberna con un punto de modernidad y buena música. *958 200 037; 13.00-24.00 sa-do, 13.00-16.30 y 19.30-24.00 ma-ju*

Bar Soria €
58 C3
Con barra de chapa y alicatado a base de azulejos de Fajalauza, el Soria, regentado por el genuino Fran, es un refugio de rockeros granadinos y de parroquianos de todo pelaje gracias a unas cañas bien tiradas, muy frías, junto a unas ricas tapas y un mítico arroz. *12.00-16.00 y 20.00-24.00 ma-vi, 12.00-17.00 sa*

El Bar de Eric €/€€
59 D3
Tapas para todos los gustos y sensibilidades, vinos, cócteles, exposiciones y hasta un museo encierra el bar del batería de Los Planetas y Lagartija Nick, Eric Jiménez. Una fusión de tapas e historia musical de la ciudad con una plácida terraza pegada a la reja del jardín botánico. *958 276 301; 17.00-24.00 ma-vi, 13.30-24.00 sa, 13.30-16.30 do*

Taberna Petra €€
60 D3
Local con una personalidad única. Se trata de una especie de colmado lleno de embutidos, latas y aroma de buenos ibéricos, con el siempre recuerdo a la sumiller Fuensanta Martín Cáceres, su anterior propietaria. *958 847 648; 12.30-16.00 y 20.00-24.00 mi-vi, 13.00-16.00 y 20.00-24.00 sa, 13.00-16.00 do*

Palo Cortao €€
61 E3
Buenas tapas y una bodega para enmarcar en una taberna que abre de la mañana a la noche y ofrece una gran carta de verduras, carnes, ibéricos, conservas y setas. *Reservas solo vía WhatsApp. 602 415 269; 13.30-16.30 y 20.30-24.00 ma-do*

Beber

Cócteles

Ruta de la Seda
62 E7
Cuidado local con jardines interiores, chimeneas, camas balinesas y estancias *chill out* distribuidas en un espacio mágico. Sus cócteles son de primera, lo que demuestra que la alta gastronomía también puede ser líquida. *657 169 030; 16.00-2.00 ma-sa, 16.00-22.00 do*

Palacio de los Patos
63 C6
Es toda una delicia tomar un vino, una cerveza o un cóctel en los jardines de este hotel con mucho encanto, que ocupa una antigua casa solariega decimonónica que perte-

neció a una gran familia de la ciudad. Vale la pena darse el gusto. *hospes.com/es/palacio-patos; 7.30-11.00 y 12.00-23.00 lu-do*

Cafés

Bohemia

64 C3

Una silla de barbero, un tocadiscos, un piano, una gran librería y cientos de fotos de antiguas estrellas del cine esperan en este íntimo local de luz tenue y lleno de personalidad para disfrutar mientras se va degustando alguno de sus cafés (escocés, fariseo o carajillo), batidos o cócteles. *bohemiajazzcafe.com; 15.00-1.00 lu-vi, hasta las 2.00 sa-do*

Comprar

Libros

Bakakai

65 D2

Librería activista llena de material para alimentar el pensamiento crítico. Es como un almacén de libros en movimiento y "espacio centrifugador de avisos y saberes no tutelados", donde se fomenta el intercambio y el debate colectivo. *libreriabakakai.wordpress.com; 10.45-14.45 y 16.45-19.45 lu-vi, 10.30-14.00 sa*

Praga

66 C5

Un montón de libros y cómics llenan esta librería de viejo especializada en literatura, filosofía, historia y arte. Es un local cuyos dueños aman los libros, recomiendan lecturas con mucho criterio y, de vez en cuando, reciben a autores para presentar sus obras. *libreriapraga.com; 10.00-14.00 y 17.00-20.00 lu-vi, 10.00-14.00 sa*

Discos

Marcapasos

67 D3

Otra tienda que ha nutrido de música a dos generaciones. Un "botiquín de estimulantes sonoros que excita tu apetito musical" y que prescribe cualquier sonido en vinilo. Su catálogo de música negra es especialmente interesante, su gente, encantadora y sabia y el local, precioso. *discosmarcapasos.com; 10.00-14.00 y 17.00-20.30 lu-vi, 10.30-14.00 sa*

Alimentación

Convento de la Encarnación

68 D2

Las hermanas clarisas elaboran recetas tradicionales que han ido perfeccionando con el paso de los años. Bizcochos, magdalenas o las tradicionales yemas de Santa Clara. *latahonadelconvento.com*

Geni

69 F8

En un minúsculo quiosco de la plaza Mariana Pineda que siempre tiene cola, esta panadería vende pan de Alfacar cada mañana hasta que acaba las existencias. Pan de verdad, recién salido del horno moruno más antiguo de Alfacar, elaborado como hace más de 100 años. *10.00-15.00 lu-sa*

CIRCUITO A PIE

Granada contemporánea

Granada no solo vive de su deslumbrante pasado. La ciudad contemporánea sorprende con obras arquitectónicas y de artes plásticas obra de artistas señeros de la modernidad como García de Paredes, Jiménez Torrecillas o Álvaro Siza, además del pintor José Guerrero. Un patrimonio que merece la pena conocer.

INICIO	FINAL	DURACIÓN
Plaza Arquitecto García de Paredes	Muralla nazarí del cerro de San Miguel	6 km

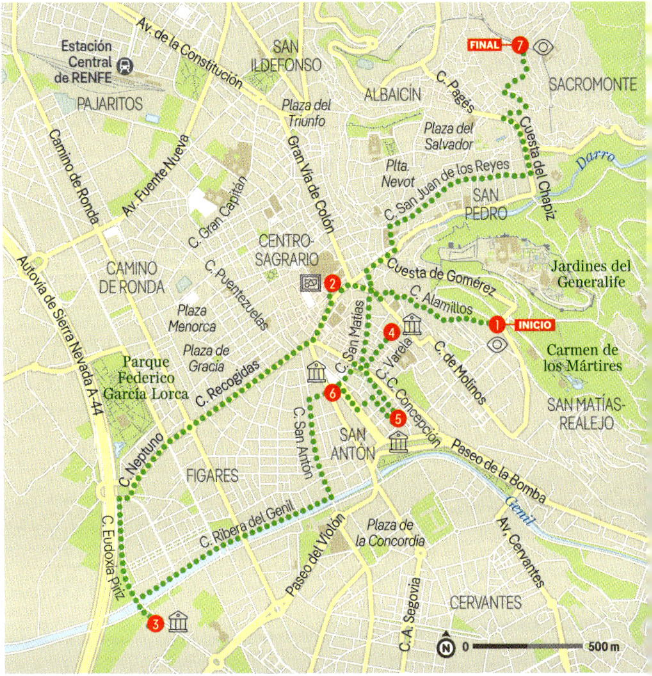

1 Plaza Arquitecto García de Paredes

Esta plaza delante del Alhambra Palace dedicada al sevillano García de Paredes rinde homenaje al arquitecto del cercano auditorio Manuel de Falla (p. 57).

2 Centro José Guerrero

En un edificio frente a la capilla Real convertido en centro de arte por el arquitecto Antonio Jiménez Torrecillas, este centro (p. 124) acoge obras de este pintor granadino, así como exposiciones temporales.

3 Centro Cultural Caja Granada

Reconocido por *National Geographic* como uno de los diez museos del mundo con "arquitectura espectacular", su autor, Alberto Campo Baeza, lo concibió como "*impluvium* de luz". Acoge el Museo Memoria de Andalucía y un centro cultural (p. 147).

4 Palacio de los Condes de Gabia

Caserón barroco en pleno Realejo que posee dos salas de exposiciones que programan arte contemporáneo desde la década de 1980. En la del sótano se promociona a artistas menores de 30 años.

5 Espacio Lavadero

Un joven creador inaugura una exposición o una intervención en la fachada de este espacio el primer viernes de cada mes durante todo el curso. También invitan a los artistas a intervenir en el barrio de la Virgen en #casinvisibles.

6 Centro Cultural Zaida

La Fundación Caja Rural de Granada gestiona esta sala situada en plena puerta Real, en un edificio diseñado por el arquitecto portugués Alvaro Siza, que también realizó su mobiliario.

7 Intervención en la muralla nazarí del cerro de San Miguel

Para rehabilitar la muralla nazarí, semiderruida desde el s. XIV, el arquitecto Jiménez Torrecillas levantó a modo de apósito –que los granadinos conocen como "la tirita"– un muro de grandes lajas de granito. La luz que penetra por los huecos evoca la arquitectura mozárabe.

Sugerencias de lugares para comer y comprar en **p. 154**

Explora
La Vega, las sierras y los alrededores de Granada

Granada está cercada de montañas y a sus pies se extiende la rica Vega, una de las zonas agrícolas de regadío más emblemáticas de Andalucía. Con el fondo dominante de Sierra Nevada, el paisaje de la Vega es una herencia histórica en la que la huella humana ha sabido adaptarse al paisaje. La variedad geográfica y climática de la provincia tiene de todo: desde la Costa Tropical a una estación de esquí en una Reserva de la Biosfera; de huellas moriscas en las Alpujarras a un geoparque en el norte con uno de los paisajes más singulares de la península Ibérica.

Cómo desplazarse

Autobús
El consorcio de transporte *(ctagr.es)* ofrece recorridos por la Vega y por los barrios y pueblos del área metropolitana, así como a las cercanas sierras, al Parque Natural de Sierra Nevada y a las Alpujarras.

Bicicleta
Granada cuenta con paisajes extraordinarios que invitan a pedalear por sus innumerables senderos. Se pueden realizar diversas rutas en BTT de distinta dificultad *(turgranada.es)*.

Río Genil tras el embalse de Canales, en Sierra Nevada.

J. P. B/SHUTTERSTOCK ©

LO MEJOR

DIVULGACIÓN CIENTÍFICA
Parque de las Ciencias de Andalucía (p. 146)

CICLISMO
Rutas ciclistas (p. 150)

BARROCO GRANADINO
Real Monasterio de la Cartuja (p. 146)

VIAJE EN EL TIEMPO
Geoparque de Granada (p. 149)

CIRCUITO A PIE

Del cortijo Jesús del Valle al Sacromonte

Esta ruta circular parte del paseo de los Tristes, que se puede cubrir a pie en unas 4½ h, aunque se puede hacer también en bici sin demasiada dificultad. Con hermosas vistas de la ciudad, sigue los caminos del agua de la acequia Real, pasando por un antiguo convento jesuita para acabar en el monte sagrado.

INICIO	FINAL	DURACIÓN
Puente del Aljibillo	Paseo de los Tristes	14,70 km; 4½ h

1 El Camino del Avellano

Cruzando el **puente del Aljibillo** y siguiendo el **camino del Avellano** (p. 73) se comienza a subir por la **vereda del Generalife,** con impresionantes vistas de la Alhambra, hasta llegar a la **vereda de la Acequia Real** mientras se deja Granada atrás. Desde aquí se avista la abadía del Sacromonte y el valle de Valparaíso entre naturaleza, rumor del agua y calma.

2 La acequia Real

Aparece más adelante la **acequia Real,** responsable del suministro de agua a la Alhambra, construida en un lugar inaccesible e inexpugnable. Aún pueden apreciarse restos de los distintos elementos que formaban parte de la infraestructura hidráulica que llevaba el agua hasta la ciudadela salvando valles y barrancos. Un ejemplo de la ingeniería acuífera característica de la cultura árabe.

3 Del llano de la Perdiz a Jesús del Valle

Desde el **llano de la Perdiz** se contempla Sierra Nevada al fondo. Se trata de un área recreativa situada a la sombra de un pinar que cuenta con zona recreativa. Las vistas desde aquí son espectaculares, con las sierras de Granada y la ciudad con la Alhambra en primer plano.

4 Jesús del Valle

Descendiendo por la izquierda, por la vereda del **barranco del Abogado,** hay una gran vista de **Jesús del Valle,** antiguo convento jesuita del s. XVII, hoy en ruinas, cuya finca continúa siendo una explotación agrícola.

5 Cruzar el río Darro entre olivares

En el corazón del valle del Darro se cruza con facilidad el curso fluvial en el camino de vuelta. También se camina entre olivos y se cruza un precioso bosque para conectar con el **barranco de los Negros.** En el tramo final de la ruta se va paralelo a la **acequia Romayla,** también llamada de Santa Ana.

6 Del camino de Beas al Sacromonte

En dirección a Granada, este camino que acaba en una carretera asfaltada discurre en dirección al Sacromonte. Para quienes quieran dejar de andar, al llegar al barrio, el bus C34 lleva hasta la plaza Nueva. Si se prosigue la marcha se llega al **camino del Sacromonte** y pronto se verá la Alhambra al fondo. Desde allí, por la **vereda de Enmedio** se alcanza la cuesta del Chapiz y descendiéndola, el **paseo de los Tristes.**

★ IMPRESCINDIBLE

Sierra Nevada

Este espacio natural está reconocido como Reserva de la Biosfera por la Unesco. En las cumbres que encandilaron a los nazaríes se alza la cima más alta de la Península, el Mulhacén, a 3479 m de altitud. Los amantes del esquí, el montañismo, la pesca, el ciclismo o el senderismo encontrarán aquí una variada oferta.

PLANO: P. 145 **F3**

CONSEJO

Para subir a las cumbres más altas es imprescindible estar en buena forma física, consultar la previsión del tiempo e ir con calzado y ropa adecuadas. Los colores de las pistas en la estación de esquí indican su dificultad: verde y azul para las más accesibles, y roja y negra para las más duras.

Escanea este código QR para más información.

Parque nacional y natural

Sierra Nevada es como un pequeño continente elevado entre el Mediterráneo y el Atlántico. Reconocida como Reserva de la Biosfera por la Unesco, impresiona por albergar la cima más alta de la península Ibérica, el Mulhacén. Además, es un importante centro de diversidad vegetal, sin olvidar su riqueza en fauna. Posee un centro de interpretación, **El Dornajo,** así como dos servicios de interpretación de altas cumbres, en la vertiente norte y en la sur.

Sol y nieve en la estación de esquí

La estación de esquí de Sierra Nevada, a 40 min de Granada, es una de las mejor equipadas de Europa. Dispone de **118 pistas,** una **longitud de 107 km** y un **desnivel de 1200 m.** La estación ofrece la posibilidad de esquiar de noche en una pista iluminada y de observar las estrellas, además de su famosa vida nocturna. El *half pipe* posee instalaciones de *snowboard* y *freestyle*. Para los no esquiadores hay multitud de actividades en la nieve: pista de patinaje sobre hielo, tiro con arco, la Alfombra Mágica, patín-esquí o el Trineo Ruso.

Subir al Mulhacén y al Veleta

Sierra Nevada es el techo de la Península con los picos **Mulhacén** (3482 m) y **Veleta** (3394 m). A este último se puede subir con esquíes en invierno,

ALEJANDRO M. FERRER/SHUTTERSTOCK ©

pero en primavera y verano estas cumbres son accesibles para casi todos los senderistas. Dos retos que se unen a otros 14 picos que superan los 3000 m dentro del parque nacional. En verano, un servicio de autobuses sube hasta las faldas para, desde allí, terminar el ascenso a pie.

Las mejores rutas

El cañón del río Monachil, conocido como **Los Cahorros,** es una popular ruta senderista con una garganta estrecha impresionante, en la que hay que cruzar un antiguo puente colgante, ahora restaurado, que sirvió para el transporte de la nieve de los ventisqueros a Granada. Otro de los recorridos de media montaña más bonitos de Sierra Nevada es el de la **vereda de la Estrella,** con abundante agua, vegetación e impresionantes vistas sobre las caras norte de los picos más altos.

UNA PAUSA
En las localidades de Huétor Vega y Pinos Genil hay restaurantes y merenderos donde disfrutar de la cocina tradicional.

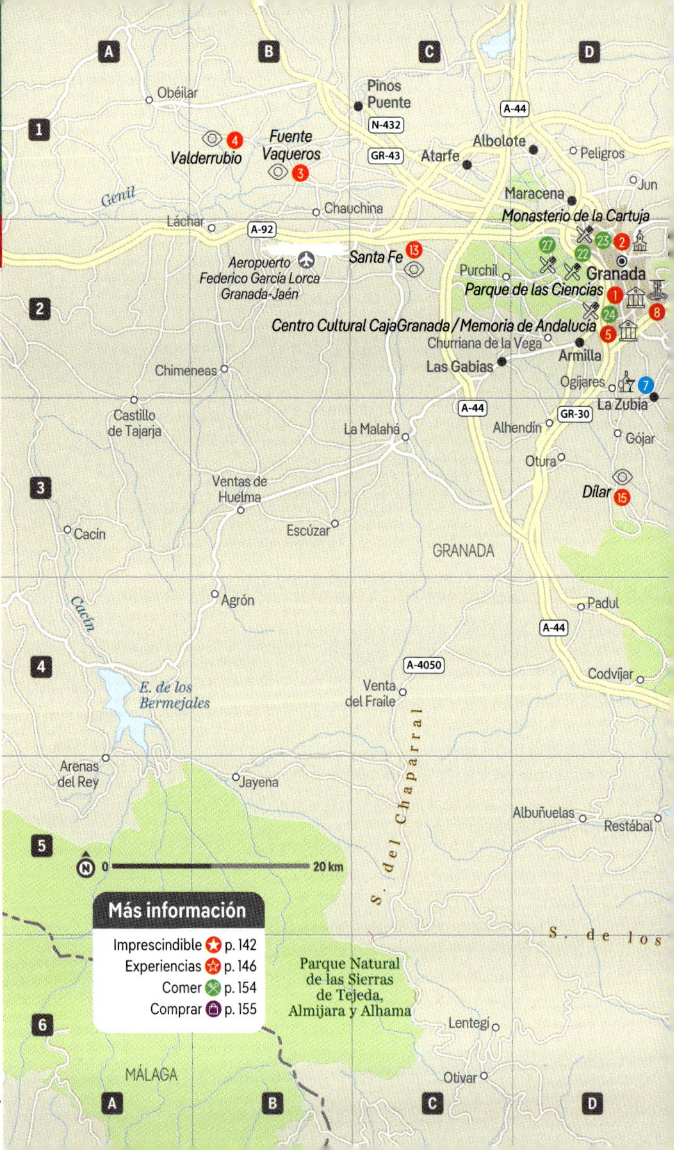
A
B
C
D
1
2
3
4
5
6
Obéilar
Pinos Puente
A-44
N-432
Fuente Vaqueros
Valderrubio
GR-43
Atarfe
Albolote
Peligros
Jun
Genil
Maracena
Monasterio de la Cartuja
Láchar
Chauchina
A-92
Santa Fe
Aeropuerto Federico García Lorca Granada-Jaén
Purchil
Granada
Parque de las Ciencias
Centro Cultural CajaGranada / Memoria de Andalucía
Churriana de la Vega
Armilla
Las Gabias
Chimeneas
Ogíjares
La Zubia
Castillo de Tajarja
A-44
GR-30
La Malahá
Alhendín
Gójar
Otura
Dílar
Ventas de Huelma
Cacín
Escúzar
GRANADA
Agrón
Padul
Cacín
A-44
A-4050
Codvíjar
E. de los Bermejales
Venta del Fraile
Arenas del Rey
Jayena
S. del Chaparral
Albuñuelas
Restábal
0
20 km
Más información
Imprescindible p. 142
Experiencias p. 146
Comer p. 154
Comprar p. 155
S. de los
Parque Natural de las Sierras de Tejeda, Almijara y Alhama
Lentegí
MÁLAGA
Otívar

E
F
G
H
Parque Natural Sierra de Huétor
9 Geoparque de Granada
GR-3201
6 Fuente de las Lágrimas
A-92
Alfacar
Tocón de Quéntar
Lugros
1
Huétor de Santillán
E. de Quéntar
26
Quéntar
Parque Periurbano de la Dehesa del Generalife
18 Dúdar
Centro de Interpretación Tranvía de la Sierra
10 Llano de la Perdiz
Pinos Genil
Fuente de la Bicha
14
20
16 Güejar Sierra
2
25 Cenes de la Vega
Huétor Vega
12
Cájar
Monachil
Embalse de Canales
Genil
19
17
28
Centro de Interpretación de la Seda
Sierra Nevada
31
Hoya de la Mora
29
11
3
Dílar
Sierra Nevada
Mulhacén (3479 m)
30
Veleta (3396 m)
Dúrcal
Parque Nacional de Sierra Nevada
Trevélez
Lanjarón
34
4
Dúrcal
Nigüelas
33
Capileira
37
Bubión
Juviles
Pampaneira
Pitres
35
Busquistar
Soportújar
Cástaras
Cáñar
Carataunas
36
Alpujarras
5
E. de Béznar
Lanjarón
32
Órgiva
Guadalfeo
Almegíjar
Ízbor
E. de Rules
A-346
Torvizcón
Guajares
A-44
N-323
GR-130
Vélez de Benaudalla
21
6
S. de Lújar
E
F
G
H

EXPERIENCIAS

Descubrir el Parque de las Ciencias de Andalucía MUSEO

PLANO: 1 P. 144 **D2**

Centro de referencia internacional de divulgación científica en el sur de Europa, el **Parque de las Ciencias** *(parqueciencias.com; 7/6/5,50 €)* es el primer museo interactivo de Andalucía en el que visitantes de todas las edades pueden participar en un viaje alucinante a través de los misterios de la ciencia. Muy recomendable si se viaja con niños, sus 70 000 m² permiten disfrutar de la naturaleza, la tecnología, la astronomía, los viajes espaciales (con material original de la NASA), la anatomía, la inteligencia artificial y hasta el acelerador de partículas. Situado a un agradable paseo a pie del centro histórico de la capital granadina, desde su origen este centro fue concebido como un espacio híbrido en el que se combinan los espacios abiertos con las áreas expositivas, piezas interactivas y de museo, elementos permanentes y temporales. Su objetivo principal es enseñar y divulgar con interactividad manual, mental y cultural/emocional. En el parque destacan grandes espacios como el **Macroscopio,** el **edificio Foucault,** el **Planetario** y el **Biodomo,** con una representación de más de 250 especies de animales y plantas.

Dominar el barroco granadino en la Cartuja IGLESIA

PLANO: 2 P. 144 **D2**

El año 1513 comenzaron las obras del **Real Monasterio de la Cartuja** *(cartujadegranada.com; 5/3,50 €),* ubicado en los terrenos de antiguas almunias nazaríes. El edificio es como un repaso de la evolución de la arquitectura europea hasta el s. XVIII. Actualmente es un remanso de paz y soledad, que hace honor a su nombre. El **sagrario,** tras el altar mayor de la iglesia, es uno de los máximos exponentes del barroco español, obra

LA VEGA LORQUIANA

En **Fuente Vaqueros** (PLANO: 3 P. 144 B1) y **Valderrubio** (PLANO: 4 P. 144 B1), antiguo pueblo de Asquerosa, hay lugares cruciales en la vida y la obra de Federico García Lorca. Los dos pueblos de la Vega fueron el primer hogar del poeta: allí vivió hasta los diez años y pasó los veranos de su juventud hasta los 28. Una ruta, recomendable para hacer en coche, moto, transporte público o bicicleta, une las casas-museo donde nació y creció, y también la que inspiró una de sus obras cumbre teatrales, *La casa de Bernarda Alba*. En los alrededores se pueden visitar los paisajes de la fuente de la Teja y el río Cubillas que conquistaron al joven Lorca (p. 76). "La tierra, el campo, han hecho grandes cosas en mi vida", declaró en 1934. *(universolorca.com)* del cordobés Hurtado Izquierdo. Tras él se halla la blanca **sacristía,** otro notable ejemplo barroco. En 1835, con motivo de la desamortización de Mendizábal, la orden cartuja se vio abocada a abandonar el monasterio, que comenzó un período de decadencia solo frenado tras su declaración como Conjunto Histórico Artístico en 1932. Desde la década de 1970, el monasterio preside el Campus Universitario de la Cartuja.

LA MAGIA DE FLOTAR EN GLOBO
Glovento Sur *(gloventosur.com)* brinda la ocasión de flotar en el aire despegando al amanecer, para iniciar una aventura única en Andalucía. Sus viajes permiten contemplar a vista de pájaro varios enclaves como **Granada, Ronda, Antequera, Arcos de la Frontera, Córdoba y Guadix,** así como el **Geoparque de Granada, Sierra Nevada y la Vega.**

Bucear en la memoria andaluza en el Centro Cultural CajaGranada

MUSEO

PLANO: 5 P. 144 **D2**

Las plantas del palacio del Carlos V en la Alhambra y la de la catedral de Granada sirvieron de inspiración al arquitecto Alberto Campos Baeza para concebir y proyectar en el 2009 el **Centro Cultural de CajaGranada** *(cajagranada fundacion.es 2,50/4 €).* Posee un **patio elipsoidal** que, en palabras del arquitecto, "es un pozo de luz elíptica con rampas, blanquísimo, hecho con mármol de Macael; un *impluvium* de luz". Acoge el **Museo Memoria de Andalucía,** que muestra la diversidad natural, social y cultural de la región. En la planta superior se exhibe la colección CajaGranada, con obras de los ss. XVI-XXI de artistas como Santiago Rusiñol, Pablo Picasso, José Guerrero, Manuel Rivera,

LOS CAMINOS DE LA MUERTE DE LORCA

La ruta de la muerte de Lorca, que va de **Víznar a Alfacar,** se puede hacer a pie, ya que supone un agradable paseo sin apenas dificultad entre ambos pueblos. Recorre los principales lugares asociados a los últimos momentos de Lorca y a su asesinato. Los escenarios de su fusilamiento son hoy lugares frecuentados por paseantes y deportistas, y en el paisaje persiste una grandeza fúnebre, hasta el extremo de que se tiene la sensación de estar visitando un cementerio civil. A lo largo de 2 km pueden verse lugares simbólicos como la **fuente de las Lágrimas o de Aynadamar** (PLANO: 6 P. 144 **E1**) o el barranco de Víznar, donde fueron fusiladas varios cientos de personas, lleno de ecos funerarios y de pinos plantados para ocultar las fosas. *(universolorca.com)*

LOS VINOS DE ALTURA DE LAS ALPUJARRAS

El vino de la Alpujarra tiene el carácter de su altura, con los viñedos a mayor altura de Europa, 1400 m, de cultivo y elaboración artesanal, cerca del mar y de Sierra Nevada. El **vino de la Tierra Laujar-Alpujarra** se produce en la comarca del Andarax, al igual que el **vino de la Tierra Ribera del Andarax,** que ya se encuentra en la Alpujarra almeriense. Por último, el **vino de la Tierra Cumbres del Guadalfeo,** se produce en la Alpujarra occidental.

Antoni Tàpies, Carmen Laffón, Andy Warhol o Francis Bacon, además de pintores románticos como David Roberts, entre otros. También programa exposiciones temporales de arte contemporáneo.

Vivir un concierto en la Industrial Copera

SALA DE CONCIERTOS

Sala de referencia granadina desde la década de 1990 situada en el área metropolitana, primero en Armilla y ahora en **La Zubia.** Se trata de un espacio de conciertos que ofrece una programación de primer nivel durante todo el año, además de agitar las noches granadinas con sus sets de música electrónica combinados con fiestas temáticas. Por las tablas de la **Industrial Copera** (PLANO: 7 P. 144 **D2**; *industrialcopera.net*) ha pasado lo más granado de la música patria. DJ de reputación mundial han pinchado en su cabina; no en vano, el local fue pionero en Andalucía del *boom* de la electrónica y géneros afines.

Caminar hacia Sierra Nevada por el paseo de la Bicha

SENDERO

PLANO: 8 P. 144 **D2**

La **fuente de la Culebra,** popularmente conocida como de la Bicha, se encuentra a medio camino entre **Cenes de La Vega** y Granada capital, a los pies del cerro de la Culebra. Una ruta circular de unos 8 km, que se puede recorrer a pie o en bici, discurre por la margen derecha del Genil partiendo del centro de la ciudad, en el **puente Verde,** al final del paseo de la Bomba. Desde hace siglos, la senda que pasa por este manadero de agua fue el camino natural para subir a Sierra Nevada desde la capital. Cuenta con una rica vegetación, con plátanos de sombra, arces, álamos, cañaveras, aligustres, eucaliptos, ailantos, zarzamoras, choperas, mimbreras y fresnos, que ayuda a hacer el recorrido más fresco y agradable. La famosa fuente de la Bicha es más que discreta: un pequeño chorro de agua bajo una gran higuera.

Sentirse un marciano en el Geoparque de Granada PAISAJE

PLANO: 9 P. 144 F1

La zona norte de la provincia de Granada posee uno de los paisajes más singulares de la península Ibérica, una sucesión semidesértica de decenas de miles de cárcavas y tierras baldías rodeados de sierras coronadas por las cumbres de Sierra Nevada que forman el **Geoparque Mundial de la Unesco de Granada** *(geoparquedegranada.com)*. Con una extensión de 4722 km², que engloban 47 municipios de las comarcas de Guadix, Baza, Huéscar y Montes, es uno de los pocos desiertos naturales de Europa, y en él se puede caminar, pasear en bicicleta o a caballo entre paisajes geológicos esculpidos por la erosión en mil formas caprichosas. Se trata de un vasto territorio geológico y natural que contiene el testimonio pétreo de la historia evolutiva de un río y del mar. Uno de los mejores registros geológicos continentales de los últimos cinco millones de años donde, incluso, se puede dormir en una cueva.

Hacer la ruta del Califato PATRIMONIO

La **ruta del Legado Andalusí** *(legadoandalusi.es)* que une Granada con Córdoba, capitales nazarí y del al-Ándalus califal, respectivamente, fue una de las más transitados en la península Ibérica durante la Edad Media. Un camino histórico que se puede realizar en varias etapas en las que se verán alcazabas, castillos cristianos y fortalezas árabes asomadas desde la cima de las montañas. El viajero podrá admirar, además, los bellos y accidentados paisajes del Parque Natural de las Sierras Subbéticas cordobesas que alternan fuertes y agrestes pendientes con praderas y riberas donde realizar tranquilas excursiones siguiendo antiguos senderos. Olivares centenarios junto a esos senderos mágicos, iglesias barrocas, pueblos sobre los

RUTAS EXTRAURBANAS

Fuera del casco urbano granadino, a pocos kilómetros del centro, se pueden realizar maravillosas rutas senderistas o en bicicleta. La **ermita de los Tres Juanes,** en la sierra de la Alfaguara, cerca de Atarfe, no solo permite contemplar uno de los más bellos atardeceres sobre la Vega, Granada y Sierra Nevada, sino que, desde ella, parten distintas rutas por la sierra Elvira. También destaca la **ruta del Mamut,** que recibe su nombre por haberse encontrado restos de dicho animal prehistórico en Padul, municipio a 25 km de la capital; se trata de una ruta circular, accesible para personas con movilidad reducida, ya que transita por unas tablas de madera a lo largo de todo el sendero, que empieza en los jardines de la Estación, junto al ayuntamiento de Padul.

cerros, castillos, sierras, encinas y quejigos componen el paisaje.

Pedalear por las mejores sendas CICLISMO

La provincia de Granada es muy diversa y está llena de senderos, pistas y carreteras espectaculares que merecen la pena explorar a lomos de bicicletas de montaña, de carretera o de *gravel*. Desde la ciudad parte una vía circular por el **Parque Periurbano de la Dehesa del Generalife** (PLANO: 10 P. 144 **E2**), por pistas pavimentadas algo exigentes. Aún mejor forma física requiere la ruta que sube al **pico Veleta desde la hoya de la Mora** (PLANO: 11 P. 144 **G3**). Otra ruta circular desde Granada es la del **embalse de Canales por Pinos Genil y Monachil** (PLANO: 12 P. 144 **F2**). En la **ruta de las Atalayas** se aprende historia recorriendo la última frontera de **Al-Ándalus** y contemplando las torres-vigía. Por último, la **ruta de la Alpujarra,** con una longitud de más de 100 km y duras subidas, parte de Granada y finaliza en Trevélez, pasando por Lanjarón, Órgiva, Pampaneira y Capileira.

Comerse un piononо en Santa Fe GASTRONOMÍA

PLANO: 13 P. 144 **C2**

Conocida como "cuna de la hispanidad", **Santa Fe** fue cuartel general desde el que los Reyes Católicos concluyeron la Reconquista y donde los monarcas firmaron con Cristóbal Colón las capitulaciones del mismo nombre que posibilitaron el descubrimiento de América, Santa Fe *(santafe.es)* se sitúa en el centro de la rica Vega de Granada. Todo su casco antiguo está lleno de monumentos, antiguas puertas de murallas, iglesias, ermitas y conventos. La rodean las tierras de la Vega, con sus acequias y los campos de cultivos intensivos, maizales, choperas, huertas, cortijos y secaderos de tabaco. El **Instituto de la Casa de América** acoge exposiciones y son famosos sus piononos, uno de los dulces más típicos de Granada.

Recorrer los pueblos de Sierra Nevada EXCURSIÓ[N]

Al lado de Granada, el popular **Cenes de la Vega** (PLANO: 14 P. 144 **E2**), a orillas del río Genil, es uno de los destinos favoritos de los granadinos por su entorno, su naturaleza y, sobre todo, por la rica gastronomía en sus muchos restaurantes y merenderos. En la vertiente oeste del parque natural se encuentra **Dílar** (PLANO: 15 P. 144 **D3**) un lugar ideal para la práctica de turismo rural, senderismo, paseos en bicicleta o a caballo. Además, el centro de innovación educativa **Huerto Alegre** posee un aula de la naturaleza. **Güéjar Sierra** (PLANO: 16 P. 144 **F2**), con típica arquitectura serrana, es el punto de partida de los principales senderos de media y alta montaña que suben a Sierra Nevada, como la **vereda de la**

Estrella. Por último, **Monachil** (PLANO: 17 P. 144 E2), que mira a la Vega, alberga en su término municipal la estación de esquí. Una buena parte de la fecunda flora autóctona de Sierra Nevada puede observarse en el **jardín botánico de La Cortijuela,** donde se ha reunido más de un centenar de las especies vegetales más representativas del parque nacional para su investigación y estudio.

De ruta por las Alpujarras

EXCURSIÓN

Las Alpujarras se reparten entre Granada y Almería. **Legado Andalusí** *(legadoandalusi.es)* propone una ruta que une las capitales de ambas provincias. Esta comarca fue el último reducto morisco en la Península y muestra de ellos son las numerosas fortificaciones –atalayas, castillos, fuertes y torres– que se encuentran en la zona, además de un valioso patrimonio arqueológico de época musulmana. En pueblos como **Ugíjar, Juviles, Trevélez, Pitres, Capileira, Pampaneira** o **Bubión** se aprecia la singular arquitectura serrana, con sus característicos gruesos muros de piedra sobre los que descansan troncos de roble o castaño que sostienen la cubierta, las pizarras y launas empleadas en los tejados, así como los típicos *terraos* y *tinaos* alpujarreños. La influencia andalusí se ve reflejada en la artesanía cestera y alfarera, en las jarapas y alfombras de mota, bordados y distintos tejidos; de hecho, aún existen telares moriscos en los que se sigue tejiendo manualmente, al igual que hornos de leña y ruedas de alfarería de época islámica.

Comer un plato alpujarreño

A pesar de su nombre, se puede comer en toda la provincia y su origen no es andalusí, ya que el cerdo es su protagonista. Tal vez sí sea de raigambre morisca, para demostrar, precisamente ante la sociedad cristiana, que no

BALNEARIOS: LA CULTURA DEL AGUA

La cultura del agua granadina se extiende a lo largo de su historia como fuente de salud y juventud que sigue vigente en este territorio rico en manantiales con propiedades mineromedicinales y aguas termales. Muchos balnearios continúan en activo, con instalaciones de origen romano o musulmán, como el de **Alhama de Granada** y el de **Lanjarón.** El primero, rodeado de exuberantes arboledas, conserva una alberca almohade del s. XII. Por su parte, el balneario de Lanjarón, enclavado en Sierra Nevada, une su idílica localización a la pureza de sus manantiales y a la calidad de sus tratamientos termales. Otros balnearios de la provincia son los de **Graena, Alicún de las Torres, Zújar** y los **baños termales de La Malahá.**

REPOSTERÍA Y FÁBRICAS DE CHOCOLATES
Las Alpujarras saben a miel. Su sabrosa repostería es herencia de los moriscos, con la almendra, la miel o el higo como ingredientes protagonistas. En la mayoría de las tahonas y obradores de los pueblos de la **Alpujarra** no hay que perderse su pan, bollos y roscas. Tampoco hay que olvidar las mermeladas ni el chocolate. Varias empresas fabrican estos productos, fundamentalmente en el **barranco de Poqueira.**

practicaba el islam a escondidas. El caso es que con este plato se come para una semana. Lleva huevos fritos, lomo de orza en manteca, patatas, jamón, pimientos, chorizo y morcilla. También es típico de la zona comer habas y bacalao seco, y en Trevélez, el jamón sabe a frío y a altura. Otra recomendación son las **panaderías y tahonas de cualquier pueblo de La Alpujarra,** con unos panes, dulces y bizcochos caseros que no se olvidan.

Cruzar el canal de los Franceses

SENDERISMO

PLANO: 18 P. 144 **F2**

Obra hidráulica del s. XIX construida en el período de la invasión napoleónica. Su usaba hasta hace poco para abastecer de agua potable al pueblo de **Dúdar.** Hoy se conservan tres de sus estructuras: las torres, o los pilares que sostenían la canalización; el puente de la Línea, un acueducto con arcos que permitía salvar al agua el desnivel provocado por un barranco; y, por último, la casa del Cigarrón, que era la residencia del guarda del canal.

Descubrir la cueva de la Seda

MUSEO

PLANO: 19 P. 144 **E2**

En el municipio de Cájar *(cajar.es),* antigua alquería árabe dedicada al cultivo de la seda, una cueva con seis galerías, acoge el **Centro de Interpretación de la Seda,** un lugar que ofrece visitas guiadas que ilustran la historia de este tejido en Granada. Con el *Libro del Censo de la Seda,* del s. XVIII, se explica el cultivo de la morera en la Vega de Cájar, con aperos de labranza, herramientas y telares, e incluso una estufa para la crianza de gusanos. En esta galería se podrá admirar un tapiz de seda del s. XIX, una hiladora morisca del s. XVI, así como la recreación de un criadero rural de gusanos de seda.

Recordar el antiguo tranvía de la Sierra

MUSEO

PLANO: 20 P. 144 **E2**

El tranvía de Granada a Sierra Nevada fue una línea de ferrocarril de vía estrecha que estuvo operativa entre 1925 y 1974. Hoy, el emblemático edificio de la antigua estación de **Pinos Genil** *(pinosgenilturismo.com)* alberga el **Centro de Interpretación del Tranvía de la Sierra,** un espacio cultural donde el visitante podrá conocer la historia de este medio de transporte y de quienes fueron sus protagonistas, en especial de quien fuera su promotor, el duque de San Pedro de Galatino. Una maqueta hace revivir su recorrido a su paso por el pueblo. Además, tiene otra sala dedicada a **Berta Wilhelmi,** una mujer adelantada a su tiempo que dejó una profunda huella en la zona.

Darse un baño en la Costa Tropical

EXCURSIÓN

A algo más de 70 km de la capital, playas, acantilados y calas esperan al viajero. Entre frutas tropicales como el mango, la chirimoya y el aguacate, 19 pueblos componen este trópico europeo. **Almuñécar,** fundado por los fenicios unos mil años antes de Cristo con el nombre de Sexi, es un lugar cargado de historia que conserva restos de una fábrica romana de salazones, cinco tramos de acueducto y un castillo árabe. Desde las playas de **Motril** se pueden contemplar las blancas cumbres de Sierra Nevada mientras se nada en el Mediterráneo. Y **Salobreña** es un pueblo blanco coronado por un castillo árabe. Exuberante naturaleza, deliciosa gastronomía, deportes náuticos y un rico fondo marino ponen la guinda al litoral de la provincia.

Pasear por el jardín nazarí de Vélez de Benaudalla

NATURALEZA

PLANO: 21 P. 144 **E6**

Conocido como el Generalife Chico, es un gran ejemplo de jardinería árabe que ha pervivido desde el s. XVI. Como era habitual en la cultura hispanomusulmana, el **jardín de Vélez** *(velezdebenaudalla.es)* fue concebido como una representación terrenal del paraíso. Desde él, entre terrazas escalonadas y paseos que comunican fuentes y vegetación, se puede contemplar el valle del Guadalfeo. El bello paseo del Nacimiento surte de agua las viejas canalizaciones que riegan los bancales.

TREVÉLEZ, EL JAMÓN QUE VINO DEL FRÍO

En 1862, la reina Isabel II concedió a los **jamones de Trevélez** el privilegio de lucir la corona real con la siguiente leyenda: "Premiado por S. M. la Reina Isabel II en 1862". Este sello sigue presente en cada pieza calificada. Estos jamones se producen y secan en la zona media baja del Parque Natural de Sierra Nevada, con una altitud superior a los 1200 m. Su elaboración en la Alpujarra tiene una tradición de muchos siglos y actualmente en la comarca existen empresas dedicadas a su elaboración con más de 60 años de historia.

SUGERENCIAS

Lo mejor para...

€ Económico €€ Medio €€€ Alto

Localizaciones en el plano de la **p. 144**

Comer

Pescados y mariscos

Mesón Las Perlas €€
22 D2
Los pescados y mariscos de la Costa Tropical saben a gloria en este tranquilo rincón del barrio de La Chana que ofrece tanto esmero como precios accesibles. *mesonlasperlas.com; 13.30-16.30 y 20.30-23.00 ma-sa, 13.30-16.30 do*

FM €€
23 D2
Barra para sibaritas con producto fresco de Motril. "Para atraer a un turismo gastronómico de calidad, más vale tener 100 establecimientos como el FM que dos o tres con estrella Michelin". La cita es del mismísimo Ferran Adrià. *barfm.es; 13.30-16.30 y 20.30-23.30 ma-sa*

De autor

Arriaga €€€
24 D2
A 55 m del suelo y con vistas a la ciudad, la Vega y la sierra, este restaurante aúna buen producto con guiños a las cocinas vasca y contemporánea. Álvaro Arriaga, discípulo de Pedro Subijana, domina su deslumbrante comedor. *restaurantearriaga.com; 13.30-15.45 y 20.30-23.00 mi-sa, 13.30-15.45 do y ma*

Cocina tradicional

Ruta del Veleta €€€
25 E2
Este restaurante con solera en Cenes de la Vega luce un techo cubierto con cerámica granadina. Con otra sucursal en plena estación de esquí, se caracteriza por los buenos alimentos y una amplia bodega. *rutadelveleta.com; 13.00-15.30 ma, mi y do, 13.00-15.30 y 20.30-23.00 ju-sa*

Merenderos

El Caldero del Fargue €€
26 E1
Frente a Sierra Nevada y en el Sacromonte, este colorido restaurante con jardín en El Fargue es uno de esos lugares que saben a comida casera al aire libre en los días soleados y frente a la chimenea cuando el frío arrecia. *665 610 749; 11.00-17.00 y 20.00-24.00 ma-sa, 11.00-18.00 do*

Merendero Bobadilla €€
27 D2
Comida casera y buen trato es la fórmula de este agradable merendero frente a cuyos fogones está la simpática doña Rosa. Con espectaculares carnes a la brasa, excelente pescado y verduras bien preparadas. *958 27 69 02; 12.00-16:00 y 20.00-1.00 lu-do*

En Sierra Nevada

La Cantina de Diego €€€
28 E2
Acogedor lugar con chimenea para el frío y agradable terraza para los días cálidos y las noches de verano. La guinda tras una ruta o una jornada de esquí. *restaurantelacantinadediego.es; 13.30-16.00 ma-do, 13.30-16.00 y 20.30-22.30 vi-sa*

ivac Sierra Nevada
€€
29 F3
)tro acogedor restau-
ante que ofrece cocina
e montaña, con un menú
mediodía por 40 € com-
uesto de cuatro platos
degustación nocturna
e siete platos que varía
ada mes. *restaurantevi*
ac.es; 18.00-23.00 lu, ma
ju, 13.00-17.00 y 19.00-
3.00 vi, sa, do y fest

levasol €
30 G3
.gradable cabaña de
nadera en Borreguiles,
unto a la estación inferior
el telesilla a la Veleta,
on una gran terraza-
olárium, bufé y menús
iarios. *958 340 936;*
.00-16.30 lu-do

a Muralla €€€
31 F3
no de los lugares
nás famosos de Sierra
evada, en Pradollano,
frece la experiencia
e comer en un asador a
100 m de altura. Desde
aca rubia gallega a Kobe
e Japón. *lamurallasierra*
evada.com; 13.30-24.00
-do

n las Alpujarras

lono Stereofood
enta María €/€€
2 F5
n italiano casero, con
asta y *pizza* fresca, en
Órgiva, en el corazón de La Alpujarra. Servicio impecable y amable en un local con encanto y terraza con vistas a la montaña. *958 999 242; 13.00-17.00 mi-do*

La Trastienda de la Monja €/€€
33 G4
En una preciosa plaza de Capileira, con macetas y pizarras con los platos del día, este local con un agradable interior y terraza ofrece productos de primera entre embutidos, latas y vinos. *678 540 840; 12.00-16.00 y 19.30-23.00 ma-sa, 12.00-16.00 do*

En La Vega

El Molino del Puente €/€€
34 E4
En un antiguo molino situado en Dúrcal, en el valle de Lecrín, este restaurante de aroma rústico tiene un pequeño interior y una terraza donde sirven recetas tradicionales de inspiración mozárabe y elaboradas de manera artesanal con horno de leña. *652 345 096; 9.00-21.00 lu-do*

Comprar

Artesanía

Azulejos Alizares
35 G5
Azulejos andalusíes en un taller-tienda en Pitres, en la comarca de la Taha, en plena Alpujarra. La artista Fátima Quesada sigue fascinada por la geometría de las paredes alhambreñas desde que las descubrió. *615 086 690; 9.00-15.00 y 17.00-20.00 lu-vi*

Javier Bermúdez. Artesano del Mimbre
36 F5
Bermúdez lleva más de medio siglo en Lanjarón tejiendo y trenzando el mimbre con sus manos para crear productos de lo más diverso con esta duradera fibra vegetal que procede de la zona. Frente al Balneario de Lanjarón.

Hilacar
37 G5
En este telar artesano de jarapas en Bubión, Ana Martínez continua con el compromiso de recuperar esta artesanía y transmitir al público su valor con cursos en su taller. *658 106 576; 11.00-14.00 y 16.00-18.00 ju-ma*

Guía práctica

Interior de la Alhambra.
R SKILTON/SHUTTERSTOCK ©

Viajar en familia

Nadie se aburre en Granada. Los niños disfrutarán de la Alhambra como si se tratara de un gran castillo de cuento, podrán perderse en el laberinto del Albaicín y subir a lo más alto de Sierra Nevada a contemplar las estrellas.

El Parque de las Ciencias

Naturaleza, tecnología, astronomía, viajes espaciales con material original de la NASA, anatomía, inteligencia artificial y hasta un acelerador de partículas. Todo eso cabe en el primer museo interactivo de Andalucía, en el que visitantes de todas las edades pueden participar en un ameno viaje por los misterios de la ciencia (p. 146).

PARQUES Y ZONAS VERDES

Algunos puntos para que los pequeños se desfoguen al aire libre son el estanque de los patos y la zona recreativa del **parque Federico García Lorca** (p. 66), el área infantil del parque Tico Medina y la zona infantil del paseo de la Bomba, además del **bosque de la Alhambra** (p. 41) y los jardines del **carmen de los Mártires** (p. 51).

Cómo desplazarse

Los niños de hasta 4 años viajan gratis en los autobuses urbanos, aunque seguro que les resulta más atractivo el **tren turístico** *(granada.city-tour.com)*, con espacio adaptado para sillitas y guías especiales para niños. Hay que reservarla con antelación o llevar la propia.

COLINMTHOMPSON/SHUTTERSTOCK ©

Comida

Las tapas en Granada son aptas para todas las edades. Eso sí, los restaurantes con zonas infantiles están en las afueras, como el Balcón del Genil o El Cortijo.

Lactancia

Es relativamente habitual en público, aunque, por lo normal, de forma discreta.

Diversión gratis

El recinto y el bosque de la Alhambra es de visita libre y entrar a los **palacios nazaríes** es gratis para menores de 12 años. Los **museos** del palacio de Carlos V, en la Alhambra, y el de Bellas Artes (p. 50) también son gratis.

Alojamiento

Dormir en la colina de la Alhambra, el Realejo o el Albaicín significa soñar en barrios con profundas raíces históricas.

Si te gusta...

Dormir en lugares históricos

La colina roja de la Alhambra (p. 39) Desde un parador nacional ubicado en un antiguo convento hasta hoteles *boutique*, la colina roja ofrece alojamientos de alto precio para disfrutar de una estancia llena de historia.

Edificios señoriales y antiguos conventos

Gran Vía y centro (p. 109) Avenidas y bares con azotea cerca de la catedral, e incluso un antiguo convento convertido en hotel. Predominan los alojamientos de lujo, aunque también hay pensiones y apartamentos. Cerca de la calle de las teterías que sube al Albaicín, la calle Elvira ofrece un pequeño Marruecos en Granada.

Arte callejero y vida nocturna

Barrio de El Realejo (p. 39) Alternativo, lleno de terrazas y tapas, además de apartamentos y *hostels*. En este barrio se percibe el malestar vecinal por los pisos turísticos, así que conviene ser siempre respetuosos.

El techo de la Península

Granada y alrededores (p. 139) Pasar la noche en Sierra Nevada es dormir bajo el pico más alto, el Mulhacén, con planazo para esquiar bajo las estrellas o vivir una noche increíble de astronomía.

IMPRESCINDIBLE

Nos encanta...

El Albaicín y el paseo de los Tristes (p. 69) La tranquilidad de las callejas del barrio blanco contrasta con la animada vida del paseo de los Tristes, en la orilla del Darro, lleno de terrazas, tiendas, museos y conventos. Ambas zonas están conectadas y unidas, con increíbles vistas a la Alhambra, cuya colina se eleva justo enfrente. En las dos hay alojamientos para todos los bolsillos.

CUÁNTO CUESTA

Albergue
desde 20 €

Hotel-*boutique*
desde 90 €

Hotel de lujo en el centro o la Alhambra
desde 300 €

Comida, bebida y fiesta

Alergias e intolerancias

La normativa obliga a bares y restaurantes a informar sobre posibles alérgenos, tanto en la carta como en las tapas. En cualquier caso, se recomienda preguntar siempre al camarero sobre los ingredientes que lleva un plato en concreto e informarle si se sufre alguna intolerancia alimentaria.

TERRAZAS

En Granada es muy habitual comer al fresco. La céntrica calle Navas es una gran terraza continua con locales para todos los gustos. Cerca de allí, la calle Elvira acoge establecimientos de varias nacionalidades con comida oriental para llevar, además de teterías y confiterías de dulces árabes.

DESCIFRAR LA CARTA

'Salaílla'
Torta plana típica de las fiestas populares.

Pionono
Bizcocho enrollado, humedecido con almíbar y cubierto de crema tostada cuyo nombre se debe al papa Pío IX (foto dcha.).

Plato alpujarreño
Huevos fritos acompañados de casi todos los derivados del cerdo.

Tortilla del Sacromonte
Con diferentes tipos de casquería (sesos y criadillas), patata, pimiento y guisantes.

Reservas en restaurantes

Los restaurantes más populares requieren reserva, especialmente en fin de semana o en temporada alta. Muchas tabernas, sobre todo las más informales, no admiten reserva, por lo que habrá que ir con tiempo o tener paciencia y esperar a que quede alguna mesa libre.

Cómo pagar la cuenta

Para pagar basta con pedir la cuenta al camarero o hacerle un gesto, aunque en algunos locales muy frecuentados quizá no se den por aludidos la primera vez.

Con tarjeta La cuenta la llevan a la mesa impresa junto a la terminal (TPV). Los camareros suelen estar dispuestos a dividir la cuenta entre dos o más personas. Normalmente se puede incluir la propina.

Propinas El personal la espera, aunque no hay un porcentaje estipulado. Si el servicio no ha sido bueno, no pasa nada por saltársela. En los bares, se suele dejar algunos céntimos para redondear; en restaurantes, al menos 1 € por comensal.

PRECIOS

Los siguientes rangos de precios se refieren al coste medio de un plato principal.

€ menos de 20 €
€€ 20-30
€€€ más de 30 €

HORARIOS

Cafés 8.00-20.00

Restaurantes 13.00-17.00 y 20.00-23.00

'Pubs' 22.00-2.00

JOSERA/SHUTTERSTOCK ©

Salir

Dónde ir El Realejo, el centro y la calle Pedro Antonio de Alarcón son las tres zonas que acogen los mejores bares y locales nocturnos. Los hay para todos los gustos: *indies*, metaleros, electrónicos o clásicos.

Hora feliz En Granada no se estila. Los *pubs* comienzan a animarse después de la hora de la cena, a partir de las 23.00, aunque cada vez se lleva más tomar unas copas por la tarde.

Escena 'indie' Granada es la capital del *indie* en España y tiene muchos locales de conciertos con una gran programación. También hay DJ de primer nivel.

Clubes Las discotecas suelen ambientarse entrada la madrugada. Hay salas de todo tipo para bailar hasta el amanecer, en el centro, en los barrios y en la periferia.

Flamenco La noche en Granada también es flamenca en tablaos y cuevas. Los mejores sitios están en el Albaicín y el Sacromonte.

CUÁNTO CUESTA

Pincho de tortilla 3-5 €

Croquetas 2-4 €

Kebab 6-8 €

Porción de 'pizza' 3-5 €

Café 2-3 €

Dulce árabe 3-5 €

Cerveza 3-6 €

Copa de vino 3-4 €

Cóctel 8-12 €

Comunidad LGTBIQ+

Pese a que en algunos aspectos Granada es una ciudad conservadora, a la vez es amigable para la comunidad LGBTIQ+. Es, de hecho, uno de los destinos gais en España.

Ambiente arcoíris

Lolita's Tour Organiza un paseo que recorre los principales lugares de la historia LGTBIQ+ de la ciudad. Una visita guiada con perspectiva imprescindible.

Calle Horno de la Haza Tic Tac, el mítico bar gay con shows de *drag queens* sigue resistiendo desde la década de 1980; el Karaoke Queen también está en esta calle.

Botánico Café Se puede comer, merendar o tomar una copa en esta espacio amigable lleno de intelectuales y estudiantes frente al jardín botánico (p. 124).

Six Colours Local de largo recorrido para bailar y donde todo el mundo es bienvenido, sea cual sea su orientación sexual. Ofrecen noches temáticas (p. 131).

La Sal Uno de los primeros bares andaluces enfocado en lesbianas, aunque entre sus paredes cabe y baila todo el mundo (p. 131).

Librería Bakakai Librería activista llena de material para alimentar el pensamiento crítico (p. 135).

IMPRESCINDIBLE

La fiesta "No seas lacia" se celebra varias veces al año, a veces como alternativa a las festividades locales, organizada por el *pub* Tic Tac en la Sala Prince. "Madre de todas las fiestas", no hay que perdérsela si coincide durante la estancia en Granada. Suelen acudir *drags* famosas, como la mismísima Supremme de Luxe.

PLAYA Y SIERRA

La Costa Tropical granadina es acogedora para el colectivo LGTBIQ+. Playas como las de Cantarriján o La Joya son nudistas y están apartadas. La Alpujarra es un buen destino para parejas y grupos gais.

ORGULLO

Se celebra en torno al 28 de junio, con una amplia agenda y un gran desfile que sale de la plaza del Triunfo y fin de fiesta en el paseo del Salón.

Recursos

• **Granada Visible** Mil y una actividades programa esta asociación de apoyo al colectivo, con especial enfoque en la diversidad. • **Tiillos. Art & Cultural Center** Casa palaciega del s. XVI que funciona como gastrobar, espacio cultural y residencia.

Salud y seguridad

Los índices de seguridad en Granada son muy altos. Si se mantienen las normas básicas que dicta el sentido común, no habrá ningún problema.

BAÑOS PÚBLICOS

Todos los monumentos y museos disponen de aseos públicos. Además, existe una docena de servicios municipales en el centro y en las zonas más turísticas. En caso de necesidad se puede hacer una pequeña consumición en un bar para usar el baño.

Autobuses y metro

El transporte público en Granada es seguro, aunque mejor evitar los vagones muy llenos, donde pueden haber carteristas. De madrugada, las mujeres deben evitar viajar solas y, si lo hacen, sentarse cerca del conductor. Se deben mantener las pertenencias controladas, sin perderlas de vista, especialmente en las líneas que dan servicio a las zonas más turísticas.

Hurtos

Hay que extremar las precauciones en zonas muy frecuentadas ante la presencia de carteristas y/descuideros.

Seguro y medicamentos

Todos los ciudadanos con nacionalidad española y los extranjeros con residencia legal en España son usuarios del Sistema Nacional de Salud (SNS) y, por lo tanto, tienen derecho a la atención sanitaria con independencia de la región en la que se encuentren. Basta con acreditar tal condición con una tarjeta sanitaria individual (TSI) emitida por el servicio de salud de la comunidad autónoma de origen. Los turistas extranjeros tienen derecho a la asistencia sanitaria pública de urgencia por enfermedad grave o accidente.

TELÉFONOS ÚTILES

Si se necesita una ambulancia o UVI móvil hay que llamar al 061; para bomberos, sanidad y emergencias, 112; policía local, al 092.

A TENER EN CUENTA

Marihuana

En España, la posesión de marihuana para consumo personal en espacios privados no está penalizada.

Alcohol

En Granada, el consumo de alcohol en la vía pública está prohibido. No obstante, si se hace de forma discreta, suelen hacer la vista gorda.

Bicis y patinetes

Mejor atarlos o asegurarlos bien para evitar robos.

Turismo responsable

Para evitar impactos negativos sobre el patrimonio o la comunidad local basta con seguir unas sencillas normas.

Pasear o pedalear

Se puede minimizar la huella de carbono recorriendo la ciudad a pie o en bicicleta. Hay diversos lugares en el centro para alquilar bicis, y la ciudad es muy agradable para pasear. Para salvar las cuestas del Sacromonte o el Albaicín, se puede recurrir al transporte público en detrimento de los taxis.

Agua

La calidad del agua de Granada es muy alta. Proviene de manantiales Sierra Nevada y es pura y fresca. Basta con rellenar la botella para evitar el plástico de un solo uso.

TATUASHA/SHUTTERSTOCK ©

IMPRESCINDIBLE

Comercio histórico

Granada ha sabido conservar algunas de sus tiendas tradicionales, un patrimonio que otorga personalidad gracias a la sensibilidad de las familias propietarias que se afanan por mantenerlo vivo.

Comida sostenible

Los viajeros más comprometidos pueden elegir restaurantes que destaquen por su política de residuos o que se abastezcan de ingredientes de producción local. Una buena opción es el restaurante vegano **Paprika** (p. 83). Cerca de él está la tienda **Al Sur de Granada** (p. 84), de productos locales. **Wild Food** (p. 126) es un local vegetariano de desayunos muy chic y **Betula Nana** (p. 132), un estupendo restaurante de km 0.

Recursos

- **andalucia.org/turismo-sostenible** Andalucía cuenta con un Plan General del Turismo Sostenible.
- **ecoturismogranada.com** Agencia de viajes sostenible.

RECICLAJE

Con la *app* Reciclos se pueden obtener premios o recursos sociales por cada lata o botella que se deposite en los casi 1500 contenedores amarillos de la ciudad.

Compras sostenibles

Las artesanías tradicionales son la taracea y la cerámica de Fajalauza. También hay grandes lutieres de guitarras.

Entre los comercios históricos destacan **Oliver Delicatesen** (p. 111), **Especias Barranco** (p. 111) y **Espartería San José** (p. 111), además de la histórica **fábrica de cerámica de Fajalauza** (p. 103), en el Albaicín.

En el minúsculo quiosco de **Geni** (p. 135), en la plaza de Mariana Pineda, se vende cada mañana pan de Alfacar salido de históricos hornos.

En el **mercadillo de la plaza Larga** (p. 105), en el Albaicín, hay ropa, flores, verdura, fruta y mil objetos de martes a sábado.

EDUCACIÓN PARA LA CIENCIA

El **Parque de las Ciencias de Granada** (p. 146) está comprometido con la campaña global impulsada por la Comisión Europea para sensibilizar a la sociedad sobre la crisis climática y la necesidad de proteger la biodiversidad.

El cambio climático y los viajes

Es imposible ignorar el impacto de nuestros viajes y la importancia de hacer cambios. Lonely Planet anima a todos los viajeros a involucrarse en su huella de carbono. Muchas webs de líneas aéreas y sitios de reservas ofrecen la opción de compensar el impacto de los gases de efecto invernadero realizando donaciones para iniciativas respetuosas con el clima en todo el mundo.

La **UN Carbon Offset Calculator** (calculadora de emisiones de carbono de la ONU) muestra cómo afecta volar a las emisiones por vivienda.

La **calculadora de emisiones de carbono de la OACI (Organización Internacional de Aviación Civil)** permite a los visitantes medir el CO_2 generado por los viajes.

Accesibilidad

Transporte público

Los autobuses y microbuses que suben a la Alhambra, el Albaicín y el Sacromonte disponen de rampas. El tren turístico cuenta con plataforma elevadora y una plaza para sillas de ruedas con audioguía. Hay 11 taxis en la ciudad adaptados y los viajeros con movilidad reducida pueden solicitar asistencia en el aeropuerto llamando previamente por teléfono.

Granada para todos

La ciudad trabaja para adaptarse a las personas con movilidad reducida. La Alhambra cuenta con un mapa de accesibilidad y el Ayuntamiento ofrece alquiler de sillas de ruedas así como de escúteres.

RUTA DE LOS PERFUMES

Granada ofrece una aventura olfativa por su vegetación de rosas y lavanda, hierbas aromáticas, magnolias y jacarandas. Desde el patio de los **Arrayanes al Generalife** (p. 46), pasando por el **carmen de los Mártires** (p. 51), y el jardín botánico.

Paisajes sensoriales

El **Museo de la Memoria Andalucía** (p. 147), de la Fundación CajaGranada, y el **Parque de las Ciencias** (p. 146) cuentan con exposiciones táctiles y sonoras para personas con diversidad funcional.

IMPRESCINDIBLE

Aunque en la Alhambra existen zonas adaptadas, la realidad es que las personas en silla de ruedas solo pueden ver la mitad del recinto. Hay una parte muy difícil de salvar, incluso con ayuda, por su orografía. Los aseos sí están adaptados, se prestan sillas de ruedas, existen puntos táctiles para que personas con discapacidad visual, auditiva, intelectual y cognitiva perciban su decoración y se ofrecen signo-guías. Una apuesta segura para el colectivo es el Museo de la Alhambra.

SIERRA NEVADA ACCESIBLE

En los remontes de acceso a las pistas hay varios telecabinas para sillas de ruedas. Los esquiadores con discapacidad, junto a su acompañante, tienen preferencia en las colas.

Recursos

- **turismo.granada.org/es/granada-accesible**
- Las oficinas de turismo proporcionan información sobre museos y otros lugares accesibles, incluidos algunos para ver las procesiones de Semana Santa.

Lo esencial

Horario comercial

Si no se indica lo contrario, el habitual es el siguiente.

Bancos 9.00-14.00 lu-vi, algunos también 16.00-19.00 ju y 9.00-13.00 sa

Oficinas de correos 8.30-20.30 lu-vi, 9.30-13.00 sa (oficina principal de la puerta Real)

Restaurantes Almuerzo 13.00-16.00, cena 20.30-24.00

Tiendas 10.00-14.00 y 17.00-20.30 o 16.30-19.30

A TENER EN CUENTA

Hora local Europea occidental (GMT/UTC + 1 h, 2 h en horario de verano)

Población 234 000

ELECTRICIDAD

120V/60Hz

Internet

El Ayuntamiento de Granada ha instalado 73 puntos de acceso wifi gratuito por toda la ciudad. Solo hay que buscar la red Wi-Fi4EU. El acceso es abierto sin clave, la velocidad es de al menos 30 Mbps de subida y 30 Mbps de bajada. Pasadas 12 h se debe renovar la conexión.

Fiestas oficiales

Año Nuevo 1 de enero

Reyes Magos 6 de enero

Día de Andalucía 28 de febrero

Jueves/Viernes Santo Finales de marzo/abril

Día del Trabajo 1 de mayo

Corpus Christi Finales de mayo/junio

Miércoles y viernes de feria Final de mayo/junio (oficialmente no es fiesta, pero como si lo fuera)

Fiesta de la Asunción 15 de agosto

Nuestra Señora de las Angustias (patrona de Granada) 15 de septiembre

Día de la Hispanidad 12 de octubre

Día de Todos los Santos 1 noviembre

Día de la Constitución 6 de diciembre

Fiesta de la Inmaculada Concepción 8 de diciembre

Navidad 25 de diciembre

Índice

Puntos de interés p. 000
Págs. de los planos **p. 000**

Véase también los subíndices:
Comer p. 171
Beber p. 171
Comprar p. 172

Comer

Beber

Comprar

La opinión del lector

Nos encanta escuchar a los viajeros, ya que con sus comentarios nos ayudan a mejorar nuestros libros. Podéis escribirnos a lonelyplanet.com/contact; leemos todos los mensajes y garantizamos que estos lleguen a los autores.

Nota: Es posible que algunos fragmentos de estos mensajes aparezcan en nuevas ediciones de las guías Lonely Planet, en la web o en productos digitales. Si preferís que vuestro contenido o nombre no sean publicados, por favor, indicadlo claramente. Para obtener una copia de nuestra política de privacidad, podéis visitar lonelyplanet.com/legal.

geoPlaneta
Av. Diagonal 662-664, 08034 Barcelona
www.geoplaneta.com – www.lonelyplanet.es

Lonely Planet Global Limited
Lonely Planet Global Limited, Digital Depot,
The Digital Hub, Dublín D08 TCV4, Irlanda
www.lonelyplanet.com
Contacta con Lonely Planet en: lonelyplanet.com/contact

Granada de cerca
4ª edición en español – junio del 2025
© Lonely Planet Global Limited
1ª edición en español – enero del 2012

Editorial Planeta, S.A.
Av. Diagonal 662-664, 7º. 08034 Barcelona (España)
Con la autorización para la edición en español de Lonely Planet Global Limited, Digital Depot,
The Digital Hub, Dublín, D08 TCV4, Irlanda

ISBN: 978-84-08-29659-1
Depósito legal: B. 16.625-2024
Impresión y encuadernación: Unigraf
Printed in Spain – Impreso en España